Usama Al Shahmani

In der Fremde sprechen die Bäume arabisch

Zu diesem Buch

Usama wartet auf das Ergebnis seines Asylverfahrens und darauf, dass die Fremde etwas weniger fremd wird. Vor allem aber auf Nachricht von seinem Bruder, der in Bagdad spurlos verschwunden ist. Nur wenig erfährt er von seinen Verwandten, die sich im Irak auf eine ziellose Suche nach seinem Bruder begeben. Die zähen Tage ohne Gewissheit nagen an seiner Kraft.

Unerwartet findet Usama Trost in der Natur. Im Wald schafft er es, sich selbst zuzuhören, streut seine Worte über Blätter und Äste, bewundert die Kraft eines Stammes. Langsam lernt er, der Stille aus der Heimat das Geräusch des Waldes entgegenzusetzten, der auch in der Fremde seine Sprache spricht.

In einer persönlichen Geschichte erzählt Usama al Shahmani von Bruchstücken einer Heimat, von Hoffnung und dem Wunsch nach Sicherheit.

»Das Buch übernimmt die Schönheit und Poesie von Usama Al Shahmanis Muttersprache ins Deutsche und bekommt dadurch eine einzigartige sprachliche Intensität.« *Frankfurter Allgemeine Zeitung*

Der Autor

Usama Al Shahmani (*1971 in Bagdad) hat arabische Sprache und moderne arabische Literatur studiert. Er publizierte drei Bücher über arabische Literatur, bevor er 2002 wegen eines Theaterstücks aus dem Irak fliehen musste und in die Schweiz kam. Er arbeitet heute als Dolmetscher und Kulturvermittler und übersetzt ins Arabische. Für sein Werk wurde er mehrfach ausgezeichnet, u. a. mit dem Terra-Nova-Schillerpreis und dem Förderpreis der Stadt Frauenfeld, wo er auch lebt.

Mehr über den Autor und sein Werk auf *www.unionsverlag.com*

Usama Al Shahmani

In der Fremde sprechen die Bäume arabisch

Roman

Unionsverlag

Die Originalausgabe erschien 2018 im Limmat Verlag.

Im Internet
Aktuelle Informationen, Dokumente und Materialien
zu Usama Al Shahmani und diesem Buch
www.unionsverlag.com

Unionsverlag Taschenbuch 924
Diese Ausgabe erscheint mit freundlicher
Genehmigung des Limmat Verlags.

Neptunstrasse 20, CH-8032 Zürich
Telefon +41 44 283 20 00
mail@unionsverlag.ch

Reihengestaltung: Heinz Unternährer
Umschlagfoto: Svetlana Foote (Alamy Stock Photo)
Umschlaggestaltung: Sven Schrape
Druck und Bindung: CPI – Clausen & Bosse, Leck
www.unionsverlag.com/produktsicherheit
ISBN 978-3-293-20924-4
4. Auflage, September 2025

Der Unionsverlag wird vom Bundesamt für Kultur mit einem
Verlagsförderungs-Strukturbeitrag für die Jahre 2021–2025 unterstützt.

Der Baum der Liebe

Zum ersten Mal hörte ich das Wort «Wandern» im Jahr 2002. Es war im Mai, kurz nach meinem ersten Geburtstag in der Schweiz, als ich Frau Wunderlin kennenlernte, die Tante meines Mitbewohners Bilal im Asylantenheim. Sie kam vorbei, um ihren Neffen zu besuchen, einen jungen Iraker, der Ende 2001 – sechs Monate vor mir – in die Schweiz gekommen war. Die Frau, Mitte fünfzig, glich den Schweizerinnen, sie war schlank, zurückhaltend geschminkt, schlicht gekleidet, fähig, die Sachen, die sie liebte, als bedeutsam und reizvoll darzustellen. Sie war aber durch und durch Irakerin mit ihrer verborgenen Traurigkeit in den schwarzen Augen, wenn sie über ihre verschwommenen Erinnerungen und ihre verlorene Kindheit zwischen Bagdad und Qurna, der kleinen Stadt im Südirak, sprach. «Ich bin dort geboren, wo sich Euphrat und Tigris treffen, um sich ewig zu verbinden», sagte sie stolz. Auch ihre irakische Sprache hatte sich in den vier Jahrzehnten, die sie weit weg von ihrer Heimat verbrachte, hörbar verändert. Sie hatte ihre alte Heimat nie mehr besucht.

Es war für mich unbegreiflich zu hören, dass die Leute in der Schweiz einfach so zu Fuß gehen – in den Wäldern, Bergen, Tälern, auf schwierigen Wegen, um einfach nur zu wandern. Ich dachte, sie erzähle uns einen Witz, als sie uns berichtete, dass sie mit ihrem Mann fast jedes Wochenende wandern gehe.

«Machst du das, weil dein Mann Schweizer ist?», fragte ihr Neffe.

Sie hob ihre Sporttasche auf ihren Schoß und lachte: «Nein, im Gegenteil, ich mache es, weil ich es liebe und brauche.»

Ich war misstrauisch und fand keine nachvollziehbaren Gründe, wozu dieses Wandern gut sein sollte.

«Wollt ihr uns nicht einmal begleiten? Ich könnte irakisches Essen mitnehmen, denn das Beste am Wandern ist das Picknick.»

Ich lehnte ab, ohne zu überlegen. Bilal sagte ebenfalls, dass das Spazieren in den Wäldern nichts für ihn sei. «Du, Tante, glaubst du, dass ich verrückt geworden bin? Verlangst du von mir, dass ich mein Bett an einem Sonntagmorgen um sieben Uhr verlasse, um in irgendeinem Wald herumzulaufen? Ich liebe irakisches Essen, aber das essen wir lieber gemütlich hier vor dem Fernseher.»

Ich verstand gar nicht richtig, was Frau Wunderlin mit dem Wort «wandern» gemeint hatte. Ich fragte sie, ob das ein Sport oder ein Hobby sei und suchte nach einem vergleichbaren Wort in Arabisch. Aber ich fand nichts.

«Bist du sicher?», fragte sie mich mit einem skeptischen Blick.

«Ja. Wir wandern nicht. Wir gehen, laufen, spazieren und bummeln. Das sind die alltäglichen Dinge, die wir Iraker außerdem alle nicht gerne tun. Aber wandern, das können wir nicht. Vielleicht im Sinne der Religion. Es gibt Muslime, die nach Mekka pilgern. Sie marschieren einfach, entweder, weil sie dieses Ritual wie zur Zeit des Propheten gestalten wollen oder weil sie kein Geld haben. Lange Strecken zu Fuß geht sonst keiner.»

«Schade», sagte sie. «Da hat diese Kultur wirklich etwas verpasst.»

Ihre Antwort erstaunte mich, konnte es sein, dass sie das nicht wusste? Wie konnte sie ihre alte Heimat derart vergessen?, fragte ich mich.

Am Abend kam Bilal immer wieder auf das Thema zurück. «Stell dir vor, Usama, was würde meine Mutter im Irak sagen, wenn ich ihr erzählte, dass ihre einzige Schwester das Wandern gelernt und dafür die irakische Sprache fast verloren hat?»

«Du warst doch eine Woche bei ihr, wie war das denn?», fragte ich Bilal.

«Das war gut. Sie hat für mich gekocht, und wir waren im Kino. Sie war emotional nicht ganz so eingefroren wie letzten Monat. Ich habe mich aber trotzdem gelangweilt, vor allem, wenn sie über die Situation im Irak redete.»

«Wieso?», fragte ich.

«Sie spricht, als ob sie alles besser verstehen würde, und gibt irgendwelche Behauptungen oder Lügen als ihre Meinung aus. In ihren Augen sind die Iraker verantwortlich für das, was geschehen ist. ‹Wir sind Opfer eines selbst verschuldeten Zustandes›», meinte sie.

«Wann ist sie denn geflüchtet?»

«Ich weiß es nicht genau. Ich glaube 1975, als die

meisten Kommunisten das Land verlassen haben. Ich war ein Jahr alt, sagte mir meine Mutter einmal.»

«Sie hat also das Regime unter Saddam nicht erlebt, sondern durch die Medien erfahren», stellte ich fest. Wir selbst sind wegen der Diktatur und des religiösen Terrors geflüchtet.

«Weißt du, was mich an ihr auch irritiert? Sie redet über Sachen, die gar nicht wichtig sind. Beispielsweise fragte sie mich nach Kakerlaken im Irak und ob sie immer noch groß und in allen Toiletten zu finden sind. Sie habe die Kakerlaken im Irak immer gefürchtet. ‹Glaub mir, Bilal, die Kakerlaken in der Schweiz sind klein und greifen mich nie an!› Ich erwiderte nur: ‹Ja klar. Die hier sind anders.› Ihr Mann, der mich nicht mag und ich ihn auch nicht, schwieg die ganze Zeit, doch bei den Kakerlaken hat er laut herausgelacht. Trotz seines Lachens war für mich noch deutlich zu spüren, was für eine Ruine seine Seele war.»

«Bilal, sei nicht gemein. Er hilft dir, die Sprache zu lernen», unterbrach ich ihn mit verstecktem Neid und offener Ironie.

«Ja, er hat auch die ganze Zeit von der Kraft der Sprache gepredigt. Weißt du, Usama, du darfst mich nicht falsch verstehen, ich habe meine Tante lieb, manchmal sehe ich sie wie meine Mutter. Sie hat auch äußerlich viel von meiner Mutter, aber um ehrlich zu sein, das nervt mich auch. Vor allem wenn sie zu Hause halb nackt herumläuft oder wenn sie ihren versteinerten Ehemann am Tisch küsst.»

«Bilal, das ist normal hier, wir sind doch nicht mehr im Irak. Du musst viele Gewohnheiten wegräumen und für neue Platz schaffen.»

«Trotzdem. Für mich als Iraker gibt es gewisse Sachen, die nicht zu ändern sind.»

«Ja, natürlich. Das gehört zur Liebe zu unserem Land. Für mich lebt meine Heimat in mir. Ich bin vor ihr geflohen, sie aber nicht vor mir.»

Einige Zeit später fiel mir dieses Umherlaufen wieder ein. Warum probierte ich die Sache nicht selbst aus? Ich war deprimiert, der Platz war eng, fast alles knapp. Jeder Bewohner des Heims verursachte bei den anderen einen Stau, alle schimpften darüber. Aber zu Fuß gehen durfte ich ja, sagte ich mir.

Ich war nicht gut ausgerüstet, um in einen Wald hineinzuspazieren. Mein einziges Paar Schuhe waren sogenannte Freizeitschuhe. Diesen Begriff habe ich erst später gelernt. Ich wusste zu jenem Zeitpunkt nicht, dass in der Schweiz jedes Paar Schuhe einer Kategorie angehört. Mein Weg aus dem Dorf nach Baden führte durch einen Wald. Unterwegs, in der Nähe einer kleinen Hütte, stand ein Baum mit einem gebrochenen Stamm. Ich sagte mir: Schau, sein Stamm ist bereits gebrochen, und trotzdem steht er stolz da, und seine grüne Farbe feiert ihre Schönheit. Woher nahm er eigentlich diese Fähigkeit, stehen zu bleiben und sich wieder zu verästeln?, fragte ich mich. Lag das an seinen Wurzeln oder an der Erde, in der er wuchs? Was waren denn Wurzeln? Haben wir Menschen auch welche? Konnte ich verbindlich behaupten, dass ich ein Iraker war? Und was würde sich ändern, wenn ich kein Iraker wäre? Ich freute mich über den schönen Baum, und es war mir egal, ob seine Wurzeln in Europa oder Asien lagen.

Der Wald in der irakischen Kultur verbindet sich mit Ungewissheit und mit Geschichten über böse Geister und Dämonen. Im Wald kann man sich verlieren und nicht mehr herausfinden. Palmwälder sind ein Ort, dem es an Sicherheit und Klarheit mangelt. Wir lieben Bäume, aber verabscheuen den Wald.

Mir waren alle diese Bäume in dem Wald fremd bis auf einige wenige, die in einer schönen Reihe dastanden wie ein arabisches Gedicht aus sieben Worten. Sie waren mir gleich vertraut, als seien wir alte Bekannte. Sie formten eine Gemeinschaft, wie eine wahre Liebe.

Ich weiß nicht, was mich dazu bewog, diese Bäume mit lauter Stimme anzusprechen. War es ihre beeindruckende Erscheinung? Eine große Linde in der Mitte war für mich wie eine Mutter, und ich sagte in der Stille unter den Bäumen zu ihr auf Arabisch: *hub*. Das Echo kam nicht als «Liebe» zurück, sondern auf Arabisch. Ich war verblüfft und fuhr fort: *semah – schager*, Himmel – Bäume.

Hub – semah – schager – Das arabische Echo kam anders aus dem Wald zurück; es hörte sich schlanker an, schärfer.

Es war ein schönes Gefühl, Arabisch zu hören im Wald. Es war also gar nicht so, dass die Natur stumm war, man musste sie nur ansprechen und ihr zuhören. Und die Bäume in der Fremde sprachen sogar arabisch, sagte ich mir und öffnete meine Arme. Ich saugte den Duft der Bäume in mich auf, betrachtete die Zweige und Knospen und spürte, dass mich der Wald annahm. Ich bekam das Gefühl, dass ich die Wege kannte, pfiff auf die Wegweiser – und verirrte mich. Angst, nicht mehr herauszufinden, hatte ich trotzdem nicht.

Im Irak war ich nie im Wald. Die Bilder von Bäumen und Wäldern in meinem Kopf stammen aus Geschichten, die mir meine Großmutter erzählte. Ich wuchs in Städten auf, in denen nur wenig Grünflächen anzutreffen sind. Abgesehen von privaten Gärten sieht man Bäume nur auf den Feldern außerhalb der Stadt.

Unsere einheimischen Bäume, die Dattel-, Oliven-, Granatapfel- und Zitronenbäume, werden von Menschenhand gepflanzt und gepflegt. Bäume in freier Natur wachsen anders, das hatte meine Professorin, die uns damals in moderner arabischer Lyrik unterrichtete, immer wieder betont. Ihre Liebe zur Natur und zu Bäumen war so leidenschaftlich wie die für kurze Texte. Sie war körperlich und geistig fit, und wenn sie von Poeten und Dichtern sprach, war sie sich ihrer Sache so sicher, als hätte sie täglich Umgang mit ihnen.

«Die schönsten Verse der Poesie sind jene, die die Natur widerspiegeln, und ein gutes Gedicht muss man auswendig gelernt haben, um seine Seele lebendig zu halten», sagte sie.

Ihr Einfluss auf die Klasse war groß, viele Studenten

waren in sie verliebt, mich eingeschlossen. Sie war schön, offen, liberal, ledig und hatte eine starke Persönlichkeit. Vor so einer Persönlichkeit hatten viele irakische Männer nicht nur Respekt, sondern waren ihr gegenüber sogar achtsam. Bei den Professoren war sie unbeliebt mit ihrem Selbstbewusstsein, starke Frauen sieht man in unserer Gesellschaft, egal in welcher Schicht, nicht gern, man hat lieber schwache, die ohne Mann nicht zurechtkommen. Der Krieg hat die Position der Frau zusätzlich geschwächt und ihr weitere Freiheiten genommen.

Diese Professorin war das genaue Gegenteil solcher Vorstellungen. Einmal sagte sie uns: «Wenn ich mich als Kind zu Hause unterdrückt fühlte, ging ich barfuß in unseren Garten. Ich brach kleine Äste des Granatapfelbaumes ab und begann, mit ihnen zu spielen. Heute noch tue ich dasselbe, denn das beste Mittel gegen die Bitterkeit ist für mich die Nähe zu Bäumen, aber anstatt mit Ästen zu spielen, schreibe ich heute damit ein kurzes Gedicht auf die Erde.»

«Wieso Granatäpfel, haben Sie keine anderen Bäume?», fragte sie eine Studentin.

«Doch, wir haben andere Bäume, aber der Granatapfelbaum ist in unserer Kultur der Baum der Liebe, das müssten Sie eigentlich wissen», sagte sie und begann, ihre Bücher zusammenzuräumen.

Ich wusste, was sie meinte, meine Großmutter hatte es mir einmal erzählt. An jedem Granatapfelbaum hängen viele Granatäpfel, doch nur einer, ein einziger von ihnen trägt einen ganz besonderen Kern. Dieser Kern gehört dem Paradies, und wer diesen Kern gekostet hat, dem soll Liebe, Freude und Glück im Leben widerfahren.

«Teile nie eine Granatapfelfrucht mit jemandem, mein Sohn, denn du weißt nicht, ob du nicht deine Liebe weitergibst», hatte mir meine Großmutter eingeschärft.

«Und du? Du isst ja gerne Granatäpfel. Hast du den Kern in deinem Leben gefunden?», fragte ich sie.

Sie lachte: «Als ich blutjung war, habe ich mit allen Mädchen aus meinem Dorf über die Liebe gesprochen. Wir lachten und kicherten, flüsterten einander aber nur die Hälfte unserer Geheimnisse zu.»

«Ja, aber sag mir jetzt, ob du diesen Kern gefunden hast? Erzähl mir, wie hast du meinen Großvater kennengelernt?»

Meine Großmutter erzählte mir, dass sie ihren Mann bei ihrer eigenen Hochzeit zum ersten Mal getroffen hatte. Es war für die Mädchen damals nicht möglich, ihren Bräutigam vor der Hochzeit kennenzulernen. «Ich konnte ihn durch das Fenster sehen, als sein Vater mit ihm in unser Haus kam. Sie haben um meine Hand angehalten», erzählte sie, es war ein sonniger Wintertag, sie hatte meine kleine Schwester auf dem Schoß, streichelte sanft über ihr Haar und fuhr fort: «Ich habe in der gleichen Nacht geweint. Ich hatte Angst, denn er sah aus wie der Stamm einer Dattelpalme, ich wollte ihn nicht heiraten. Meine Mutter versuchte, mich davon zu überzeugen, dass ein kräftiger, starker Mann Glück im Leben bringe. Sie sagte mir, ich solle in der Hochzeitsnacht meinen Fuß mit etwas Druck auf den rechten Fuß meines Bräutigams legen. Dadurch würde ich das letzte Wort im Hause haben.»

«Aber das hast du ja wirklich! Hast du fest gedrückt?», fragte ich verwundert.

«Nein, ich kam gar nicht dazu.»

«Und bist du durch diese Heirat glücklich geworden?»

Nachdenklich faltete sie ihre Hände und schaute mich einen Moment an.

«Ob ich glücklich bin, das weiß ich nicht, mein Junge. Ich habe einfach geheiratet.»

Sie kannte das Glück nicht, und trotzdem strahlte sie stets Liebe und Licht aus und trug ein sanftes Lächeln. Sie war wie eine Sonnenblume: Sie benötigte keinen Kompass, um sich der Sonne zuzuwenden. Jede Begegnung mit ihr war für mich wie ein neuer Anfang, um das Leben im Irak zu ertragen. Sie hat für die Familie viel Gutes getan, trotzdem ist von ihr nicht viel geblieben. Das Haus, in dem sie mit meinem Großvater und ihren acht Kindern ein halbes Jahrhundert lebte, wurde verkauft und vom neuen Besitzer abgerissen, um Platz zu schaffen für eine Autowaschanlage. Auf meiner letzten Reise in den Irak musste ich feststellen, dass keines der über vierzig Enkelkinder etwas von ihr erzählen oder eine persönliche Erinnerung mit mir teilen konnte. Wie kann es sein, dass von einem Menschen, den alle geliebt haben, nichts bleibt, nicht einmal ein Foto?

Dass kein Granatapfelbaum in diesem Wald zu finden war, hatte mich nicht daran gehindert, dasselbe zu tun. Ich versuchte, wie meine Professorin meine Worte mit Ästen auf den Boden zu schreiben. Ich wischte das Laub zur Seite und schrieb ein kleines Gedicht:

Ich bin der Fremde.
Ich habe Hoffnung
und einen Koffer voller Geheimnisse.
Beides trage ich und gehe,
wie ein Sufi, der geduldig
zu blühen versucht, wo immer
der Herr ihn hingepflanzt hat.

Als ich die Zeilen auf dem Waldboden hinterließ, beruhigte mich der Gedanke, dass sich ein Leser wohl auch etwas fremd vorkommen würde, wenn er meine arabischen Zeichen antraf. Kann man sich in der Natur fremd fühlen?, fragte ich mich. In jenem Moment empfand ich absolute Liebe und Zugehörigkeit.

Der Baum der Hoffnung

«Ich könnte dir jetzt eine Arbeit geben, aber ich kann dir nicht garantieren, dich in diesem Restaurant auf längere Zeit zu beschäftigen», sagte mir Delschad, der kurdische Syrer, der hier in der Schweiz geboren wurde.

Vom Äußeren her merkte man nicht, dass er ausländische Wurzeln hatte. Seine grünen Augen, seine schmale, spitze Nase und seine blasse Haut ließen eher auf einen Einheimischen schließen. Seine Pizzeria sah aus der Ferne aus wie viele Legosteine, die ein Kind zusammengesteckt hatte: kompakt und farbig. Während er mit mir sprach, verarbeitete er den Teig. Er war ein Profi, rollte den kugelrunden Teig zu einem flachen Vollmond aus, nahm gleichzeitig jeden Anruf entgegen und Bestellungen auf, klemmte dabei das Telefon zwischen Ohr und Schulter ein, während er mit dem Pizzateig hantierte.

Wenn er arabisch redete, verstand man ihn nur, wenn man selbst Deutsch konnte, weil er das Arabisch mit deutschem Satzbau sprach. Er verdrehte die Satzstellungen und sagte zum Beispiel *kabira pizza* anstatt *pizza kabira* für «große Pizza». Und seine Sätze begann er nie mit einem Verb, wie es in der arabischen Sprache üblich ist. Verstanden habe ich ihn trotzdem.

«Aber dein Freund Bilal meinte, du suchst eine Person für eine Festanstellung?»

«Na ja, du könntest in den nächsten Wochen bei mir

anfangen, ich erkläre dir deine Aufgaben später. Gib mir deinen Ausweis, ich muss eine Kopie davon an die Fremdenpolizei schicken, um eine Bewilligung zu erhalten. Was hast du für einen Status?»

«Ich habe N.»

«Darfst du damit arbeiten?»

«Ja, ich habe meinen Chef im Asylantenheim gefragt. Ich darf mich damit bewerben, bekomme jedoch nur Absagen. Soll ich mich bei dir auch bewerben?»

«Nein, nein, ich mach nur eine Kopie von deinem Dings. Ich muss dir aber sagen, dass ich dir nur die Hälfte des Stundenlohns geben kann, bis ich die Zulassung für dich bekomme. Einverstanden?»

«Ja, ich bin damit einverstanden, aber wieso nur die Hälfte?»

«Weil du auf die Genehmigung wartest, und dieses Verfahren kostet mich auch Geld.»

«Sag mir, was ist meine Arbeit?»

«Du verteilst Pizzaflyer in Briefkästen von Bremgarten und Umgebung, das heißt rund zehn Kilometer. Eine Karte mit den Orten, wo du verteilen sollst, drucke ich dir aus. Die Fahrkosten übernehme ich, hast du Halbtax?»

«Ja.»

«Gut, dann gebe ich dir zehn Franken in der Stunde. Ich ruf dich an, wenn der Druck die neuen Flyer fertiggestellt hat, also vielleicht Ende Monat.»

Auf dem Weg zum Asylheim betrachtete ich den Musterflyer, den er mir schon mal in die Hand gedrückt hatte, von allen Seiten. Die Pizzas sahen unappetitlich aus, die rote Farbe erinnerte eher an ein Massaker.

Im Zimmer fragte mich Bilal, weshalb ich aufgeregt sei.

«Nichts, es ist alles in Ordnung», entgegnete ich und kaute weiter an meinen Fingernägeln.

Normalerweise tue ich das nicht und mag es auch nicht, wenn andere Menschen an Nägeln kauen. Das Kauen an etwas war mir aber nicht ganz fremd. Als wir klein waren, hatten wir nicht so viele Kleider. Manche verloren ihre Farbintensität, weil sie so oft gewaschen wurden, vor allem jene, welche zu Hause getragen wurden, das heißt die Pyjamas und das bodenlange weiße Hemd, das im Irakischen *dischdascha* genannt wird. Wir hatten immer den Saum weggekaut, auch ich habe das oft gemacht, vor allem, wenn ich neben meinem Vater saß. Er hat immer geschimpft: «Wenn du dein Hemd kaputt machst, bekommst du kein neues.»

Zum Glück wuchsen meine Nägel wieder nach.

Bilal selbst war dabei, einen Brief zu schreiben. Er wollte seinen Bruder im Libanon daran hindern, die riskante Flucht über das Meer zu wagen.

«Was schreibst du da?», fragte ich ihn ungeduldig, er war schon seit gestern Abend mit diesem Schriftstück beschäftigt.

«Ich muss ihn unbedingt davon überzeugen, dass das Leben im Westen komplizierter ist, als er es sich vorstellt. Er muss warten und gut überlegen, bevor er sein eigenes Leben dafür riskiert. Er soll dort bleiben, auch wenn er sich von Abfall ernähren muss», sagte er und betonte jedes Wort.

«Ich glaube, du solltest ihm nicht auf diese Art schreiben, denn du bist doch seine einzige Hoffnung», sagte ich, obwohl ich mir nur zu gut vorstellen konnte, wie groß Bilals Verzweiflung war und was ihn antrieb. Wir konnten nichts anbieten, was wir selbst nicht hatten. Wir hatten keine Arbeit, kein Geld und waren mit unserem eigenen Leben überfordert.

«Weißt du, manchmal wünsche ich mir, dass sich das Ganze als Albtraum entpuppt. Ich will auf keinen Fall, dass mein Bruder diesen Kummer hier auch erlebt, verstehst du?»

«Ich weiß. Aber was würdest du an seiner Stelle tun? Du bist doch auch geflüchtet?»

Ich bekam keine Antwort. Nach einigen Minuten bemerkte ich, dass wir beide in dieselbe Richtung schauten, aus dem Fenster, wo die Fassade einer alten Kirche zu sehen war.

«Gemäß der Logik meiner Großmutter soll Glückseligkeit ansteckend sein. Sie meinte, dass man mit glücklichen Menschen befreundet sein soll, wenn man glücklich sein will», sagte ich zu Bilal.

«Willst du deine Freundschaft mit mir beenden?», antwortete er lachend.

«Nein, bestimmt nicht. Wir hatten beide Glück, weil uns die Flucht gelungen ist. Wir sind auch voller Hoffnung, unserem Leben in diesem Land einen Wert zu geben. Schau, was deine Tante erreicht hat. Sie konnte über den Zaun der Fremde springen. Sie kann für uns ein Vorbild sein», erwiderte ich.

«Schon wieder das Wort Vorbild, ich kann es nicht mehr hören. Ja, sie ist gesprungen. Die Frage aber ist: um welchen Preis?», sagte er und zog seine Augenbrauen hoch.

«Was meinst du damit?», entgegnete ich.

«Ich meine ihr ‹Schweizerisch-sein-Wollen› widerspricht permanent ihrer Identität als Araberin.»

«Ja, sie nimmt keinen Zucker in den Tee und geht Skifahren», sagte ich mit ironischem Ton, um seine Wut abzumildern.

«Nein, du musst nicht so blöd reden. Ich meine einfach, dass sie anders tickt. Sie ist schon nett, verhält sich aber komisch. Ihr Herz schlägt nicht mehr wie unseres. Sie will keine Kinder, keinen Kontakt mit ihrer Familie im Irak, selbst mit meiner Mutter telefoniert sie nicht viel. Und als ich ihr erzählte, dass meine Mutter Rückenprobleme hat, fragte sie mich mit einer kalten Stimme, warum meine Mutter denn nicht regelmäßig ins Schwimmbad ginge. Ich schwieg. Was für eine Dummheit! Macht sie sich absichtlich darüber lustig oder weiß sie wirklich nicht, wie die Situation für die Frauen im Irak ist? Ist das für dich ein Vorbild?», fragte er mich mit großen Augen. «Und als mein Großvater, also ihr Vater, starb, kam sie nicht zur Beerdigung. Stattdessen hat sie der Familie eine Karte geschickt», fügte er hinzu und drehte seinen Kopf weg, um anzudeuten, dass er darüber nicht mehr diskutieren wollte.

Ich war überrascht, wie er seine Tante wahrnahm. Sie ging doch bewusst ihren Weg, und die Fremde hatte sie nicht verbittert wie viele ihrer Generation, die aus dem Irak fliehen konnten. Sie tragen die Bitterkeit der Fremde im Gesicht wie die Spuren von Hautkrebs.

Bilal und ich wohnten in einer kleinen Holzbaracke in der Nähe von Baden. Auch die weite Wiese neben unserer Baracke, die wir aus dem Fenster betrachten konnten, half uns nicht, die Enge der Unterkunft zu ertragen. Die Baracke war für uns ein Raum voller Leid, insbesondere im Winter. Bilals Situation war immerhin besser als meine. Seine Tante half ihm hier und dort, und er konnte immer wieder einige Tage bei ihr bleiben. Ich hatte niemanden.

Auch bei der Arbeitssuche war ich auf mich allein gestellt. Der Anruf von Delschad kam nicht. «Die Flyer seien noch nicht fertig, und ich solle nicht mehr anrufen», ließ er mir über Bilal ausrichten.

In einem Augenblick der Niedergeschlagenheit beschloss ich, nie mehr eine Bewerbung zu schreiben. Jede Bewerbung entzog mir so viel Energie, und obwohl mir auch geholfen wurde, führte ich einen elenden Kampf mit Formalitäten in einer Sprache, die mir fremd war. Eine Arbeit von zwei Wochen holte mich innerhalb von drei Tagen in Form einer Absage wieder ein, wenn überhaupt eine Reaktion kam.

Ich versuchte mein Glück am Anschlagbrett von Coop, wo ich mich als helfende Hand für alles anbot. Eine

Woche später, mein Inserat hatte ich schon beinahe wieder vergessen, klingelte mein Telefon. Eine ernsthafte Stimme begrüßte mich mit meinem Namen: «Sie haben im Inserat geschrieben, dass Sie nach Arbeit suchen?»

Genauso verlaufen Telefonate in der Schweiz, und ganz eigenartig finde ich, dass sie nach ein paar Sekunden fragen: «Sind Sie noch da?» Im Irak nennen wir unseren Namen und den Grund unseres Telefonats nicht direkt nach der Begrüßung. Ein irakisches Telefonat beginnt mit einem einfachen Gespräch über irgendetwas, das Wetter oder den Stau unterwegs, egal was, Hauptsache, man sagt vor dem eigentlichen Grund des Anrufs etwas anderes.

«Sind Sie immer noch auf der Suche nach einer provisorischen Stelle als Hilfsarbeiter?»

«Ja», antwortete ich, ohne zu überlegen.

«Könnten Sie sich vorstellen, dass Sie diesen Samstag in meinem Garten und Haus arbeiten würden?»

«Aber natürlich!», erwiderte ich begeistert.

«Samstagmorgen, passt Ihnen neun Uhr?»

«Ja, das ist sehr gut».

Er nannte mir seine Adresse und beschrieb ausführlich den Weg dahin.

Die Arbeit war nicht schwierig, obwohl der Garten verwildert war. Am Anfang ließ mich der über siebzigjährige Mann nie alleine, er wich mir nicht von der Seite. Er drückte sich in einem so deutlichen und einfachen Deutsch aus, dass ich ihn fast problemlos verstand.

Ach, wie schön es wäre, wenn alle mit den Fremden so Deutsch sprechen könnten, dachte ich.

«Stört es Sie, dass der Hund hier ist?», fragte er mich.

«Überhaupt nicht, im Gegenteil, ich mag Hunde. Sie sind uns Menschen sehr nahe, auch in unseren Gefühlen.» Ich wollte ihm weiter erzählen, dass ich eine kleine Geschichte auf Arabisch geschrieben hatte, in der ein Hund die Hauptrolle spielte. «Alltag eines fremden Hundes» hieß die Geschichte. Sie musste noch immer in irgendeiner Schublade in Bagdad liegen. Ich hätte dem Mann gerne mitgeteilt, wie sich das Fremdsein aus der Perspektive eines Hundes anfühlte, aber mein Deutsch reichte nicht aus. Der Mann wollte sich sogar gerne mit mir austauschen, doch er spürte, dass mir meine bescheidenen Sprachkenntnisse im Weg waren.

Er fragte mich nicht, weshalb ich in die Schweiz gekommen war. Diese Ausnahme hat mich außerordentlich gefreut. Die Frage, was ich in der Schweiz mache, überforderte mich. Womit beginnen? Was ich hier mache, klang manchmal wie eine Einladung zu erzählen, weshalb ich meine Heimat verließ.

Der Mann zeigte mir, wie man Altpapier bündelte. «Sehen Sie, wie ich es gemacht habe?»

Ich tat es ihm gleich.

«Sie müssen es nicht genau wie ich machen, Hauptsache das Bündel fliegt nicht auseinander.»

Ich wollte es unbedingt genauso schaffen wie er.

«Wissen Sie, bei uns im Irak werfen wir das alte Papier entweder in den Abfall, oder man verkauft es den

Straßenverkäufern. Auf der Straße kauft man Kuchen, Süßigkeiten und andere Esswaren in diesen alten Zeitungen. Man kauft zwei Stücke Baklawa und bekommt sie auf einem Brief oder einem Ausschnitt irgendeiner Geschichte oder eines Romans, den man gerne weiterlesen würde.»

«Und wenn sie die Geschichte gerne weiterlesen möchten, müssen sie zum Händler zurückkehren und eine weitere Seite kaufen», sagte er lachend.

Wir haben in Bagdad eine Straße namens «Al Mutanabbi», auf der Leute ihre Bücher auf die Straße legen, um sie zu verkaufen. In der Zeit des Embargos hatten viele Menschen ihre Büchersammlungen verkauft, was die Straße zu einer fortwährenden Buchmesse gemacht hat. Ein guter Freund von mir schrieb einmal: «Herzlichen Dank, lieber Shakespeare, Tolstoi, Dostojewski und Ali Al Wardi. Dank euch konnte ich Mehl, Öl und Zucker für diesen Monat kaufen. Meine Frau, die an Rheuma leidet, braucht einen neuen Ofen. Ich weiß nicht, ob Balzac und Márquez fähig sind, das alleine zu leisten, oder ob ich die schöne Sammlung von Hafis Schirasi hinzufügen soll.»

Viele meiner Freunde haben auf dieser Straße gearbeitet, auch ich. Ein paar Bücherhändler haben uns während des Studiums geholfen, Bücher gratis zu lesen und als Quellen unserer Arbeiten zu benutzen, unter der Bedingung, dass wir keine Spuren in ihnen hinterließen. Als Gegenleistung haben wir den Händlern beim täglichen Büchertransport geholfen.

«Aber Sie binden das Papier nun besser als ich.»

«Danke. Erlauben Sie mir zu fragen, weshalb Sie so viele Zeitungen behalten?»

«Ich bewahre sie nicht auf, sie stapeln sich bei mir. Seit ich alleine in diesem Haus lebe, wurde es für mich immer schwieriger, sie zu bündeln.»

Ich dachte mir, dass dieses schöne Haus ziemlich groß war für einen allein. Viele leere Flaschen und ein dickes, in der Mitte aufgeschlagenes Buch lagen auf dem Balkontisch. Gegenüber stand ein Baum, Tauben gurrten.

«Wie heißt dieser Baum auf Deutsch?», fragte ich ihn.

«Fichte», antwortete er.

«Er sieht wie eine Pyramide aus, auf Arabisch heißt er *tanub.*»

«Hat er eine Bedeutung?», fragte er.

«Ja, man nennt ihn im Nordirak den Baum der Rückkehr», antwortete ich.

«Der Rückkehr, wieso denn das?», wunderte er sich.

«Man sagt, dass die kleinen Vögel immer wieder zu jenem Baum zurückkehren, wo sie das Fliegen gelernt haben. Viele irakische Mütter binden deshalb die Nabelschnur ihrer neugeborenen Söhne an einen Ast. Egal, wohin er einmal ginge, er würde immer zurückkehren.»

«Haben Sie eine Festanstellung?», fragte er mich abrupt.

«Ich habe keine Arbeit, ich bin auf der Suche.»

«Was möchten Sie arbeiten?»

«Ich habe keine Ahnung, vielleicht eine Arbeit mit den Händen, weil ich nicht gut Deutsch kann.»

«Überhaupt nicht, Sie sprechen sehr gut! Besuchen Sie einen Kurs?»

«Nein, ich lerne im Moment alleine. Soll ich die Bündel wieder in den Schrank räumen?»

«Nein, ich zeige Ihnen gleich, wo sie hinkommen.»

So trugen wir sie gemeinsam in den Keller. Überall stapelten und türmten sich Gerümpel, Gitter und Bücher, sodass wir kaum einen Platz für das Altpapier fanden.

«Vielleicht rufe ich Sie nochmals an, um diesen Keller in Ordnung zu bringen», meinte er und blickte mich fragend an.

«Ja, sehr gerne, ich würde auch Ihren Rasen mähen.»

«Was haben Sie früher gearbeitet?»

«Ich bin Literaturwissenschaftler. Ich war einmal Assistent an der Uni im Irak und habe gleichzeitig meine Doktorarbeit vorbereitet.»

Ohne auf meine Antwort einzugehen, sagte er: «So, das wärs, ich würde mich freuen, wenn ich Sie noch zu einem Kaffee einladen dürfte.»

Ich hatte mehr Arbeit erwartet und nahm seine Einladung dankend an.

«Ja, ich habe Zeit, danke.»

In seinem Wohnzimmer hingen drei Gemälde. Ein Klavier hatte den besten Platz im Raum. Seine Bibliothek enthielt Bücher in mindestens fünf Sprachen. Die meisten Möbel waren aus massivem Holz.

Im Irak empfängt man Gäste im Wohnzimmer. Die meisten Familien reservieren das größte Zimmer in ihrem Haus nur für ihre Gäste. Sie richten es mit den schönsten Dingen ein, die der Familie zur Verfügung stehen. Die Kinder dürfen das Zimmer nicht betreten, und das Zimmer bleibt ein ganzes Jahr verschlossen, wenn keine Gäste kommen.

Warum isolieren wir unsere Gäste von unserem tatsächlichen Leben zu Hause? Das weiß ich nicht. Die Schweizer machen das nicht, sie lassen dich mit ihnen in die Küche gehen. Der Gast darf bei der Zubereitung des Essens mithelfen. Es steht dir sogar frei, ob du den Tisch mit ihnen abräumen möchtest.

Seine Wohnung vermittelte eine einladende Wärme. Er ließ mich im Raum stehen und ging seine Kleider wechseln. Ich blieb allein, mein Blick wandte sich dahin, wo die Sonne ein warmes Licht auf ein Gemälde an der Wand warf. Zwischen den Büchern gab es viele kleine Gegenstände, Tierfiguren, Kristalle, Couverts. Sie brachten meine Gedanken zurück in den Irak.

Zwischen den Büchern hatte ich immer Zigaretten versteckt, um in schlimmen Zeiten noch eine zu finden. Jedes Mal, wenn ich zufällig auf eine schon längst vergessene Zigarette gestoßen war, erfüllte mich das mit Glück.

Warum vertraute dieser Mann einem Fremden? Er hatte mich während der Arbeit immer wieder alleine gelassen und ließ mich auch jetzt zwischen seinen wertvollen Gegenständen alleine. Es gefällt mir immer wieder in der Schweiz, dass die Menschen einander vertrauen. Im Irak wäre es undenkbar, dass der reiche Besitzer einer Villa einem Hilfsarbeiter, den er kaum kennt, so viel Vertrauen schenkt. Der Krieg und die Diktatur säten ein großes Misstrauen unter den Menschen. Der Raum des Vertrauens wurde immer kleiner, der Verdacht wurde zur Regel. Ich lebte in zwei verschiedenen Welten, denn außerhalb meines Zuhauses dachte man über alle schlecht, auch über diejenigen, die Gutes taten.

Das Vertrauen und die Hilfsbereitschaft haben mich beschäftigt. Sogar als ich unsicher und mit zitternden Händen versucht habe, das Altpapier bestmöglich zu binden, fühlte ich mich wie ein Gast und nicht wie ein Hilfsarbeiter behandelt.

«Wenn Sie das WC benutzen wollen, es befindet sich auf der rechten Seite. Ich muss nur noch meine Schuhe binden, in ein paar Minuten können wir los.»

Er kam in schwarzer Hose, weißem Hemd und einem Mantel. Seine Schuhe glänzten wie ein Spiegel. Glänzende Schuhe haben mich immer fasziniert. Man sieht sie selten in Bagdad. Der Staub macht bei uns alle Schuhe blind, egal von welcher Qualität sie sind. Auch im Winter, wenn es regnet, sind sie nicht sauber. An der Uni haben einige wohlhabende Studenten zwei Paare, eines für draußen und eines für drinnen.

«Ich habe mich verspätet, entschuldigen Sie, wir können jetzt gehen.»

Er zog eine Schublade aus seiner Wohnwand. Ich sah mehrere Hunderter- und Fünfzigernoten. Er zog zwei

Scheine heraus und übergab mir zweihundert Franken mit den Worten: «Herzlichen Dank für Ihre Arbeit. Sie haben das sehr gut gemacht.»

«Das ist zu viel. Ich habe nur vier Stunden gearbeitet. Das kann ich nicht annehmen.»

«Das ist in Ordnung, heute ist Samstag, nehmen Sie es an.»

Er wandte sich zur Tür, um anzudeuten, dass die Sache mit dem Geld abgeschlossen war, und ich steckte es glücklich in meine Tasche. Bevor ich den Raum verließ, habe ich einen letzten Blick auf das Gemälde geworfen: Eine Frau stand alleine auf einem Feld. Hinter ihr sah man ein Alpenpanorama. Die Sonne zeigte sich kaum hinter den Bergen, und der Schatten, der auf das Tal geworfen wurde, ließ den Wald dichter wirken.

«Ich habe es von meiner Mutter geschenkt bekommen, kurz bevor sie starb», sagte er. Seine Aufmerksamkeit gefiel mir. «Von mir aus können wir uns duzen.»

«Ja», entgegnete ich.

«Sollen wir den Bus nehmen oder zu Fuß gehen, es sind kaum zehn Minuten bis ins Zentrum.»

«Ich würde sehr gerne zu Fuß gehen. Es ist der beste Weg, eine Stadt kennenzulernen.»

«Da hast du recht. Ich habe vor vielen Jahren im Ausland gelebt, und viele Städte habe ich mir durch Spaziergänge erschlossen. Es hat mich aber manchmal gestört, wie die Leute mich dabei unverhohlen neugierig angeschaut haben. Hast du auch solche Erfahrungen gemacht?»

«Ja, ab und zu schon», sagte ich lachend. «Es gibt Blicke, die Fremde nicht in Ruhe lassen wollen. Manchmal merke ich, dass es eine Mauer zwischen mir und den anderen gibt. Ich sage mir dann, dass es in diesen Mauern glücklicherweise auch Fenster und Lücken gibt.»

«Wie viele solche Fenster hast du bis jetzt gefunden?», fragte er weiter. Seine Augen waren offen und aufmerksam.

«Die erste Lücke war die Aare. An ihrem dahinfließenden Wasser fühle ich mich immer angekommen. Die zweite ist die Natur. Manchmal stecke ich meine Hände in meine Hosentaschen und gehe im Wald spazieren. Mal hebe ich meinen Blick ganz hoch und betrachte die Baumkronen, mal schaue ich mir die Baumstämme an und versuche herauszufinden, welcher der älteste ist. Ich berühre die Rinde und versuche, sie kennenzulernen. Dabei spüre ich, wie meine Angst vor dem Fremdsein mich verlässt. Je tiefer ich in den Wald spaziere, desto deutlicher höre ich mein Inneres. Die Bäume sind für mich nicht nur eine Sauerstofffabrik, sie geben mir auch Hoffnung. Und es gibt natürlich Orte, an denen ich mich wohlfühle, wie zum Beispiel dieses Café in der Altstadt.»

«Welches Café meinst du? Kennst du den Namen?»

«Nein, leider nicht, aber ich kann dich dort hinbringen, ich kenne den Weg.»

«Ja, gerne. Wieso gerade dieses Café?»

«Dieses Café ist wie ein Stück Bagdad für mich, klein, traditionell und mit vielen Menschen verschiedenen Alters und unterschiedlicher Herkunft. Viele reden auch mit den Händen wie ich. Und die Servierdame, die aus Afrika stammt, lacht ehrlich.»

Im Café tranken wir Schwarztee und sprachen über den Irak. Er lehnte den Krieg im Irak ab und zeigte Sympathien für die Menschen, die ihr Land aufgrund des Krieges verlassen mussten. Er schilderte das Leben im Exil als so schwierig, dass ich das Gefühl bekam, in einer Katastrophe zu leben, ohne sie zu bemerken. Später begriff ich, wie recht er hatte.

«Meine Frau war auch gegen den Krieg», sagte er, «sie hat sich engagiert und Unterschriften gesammelt, um dagegen zu demonstrieren. Leider erfolglos. Sie konnte den Krieg nicht verhindern, wie sie auch ihren Krebs nicht abwehren konnte. Er hat ihren Körper zerfressen, bis sie starb.»

«Es tut mir leid», sagte ich. In diesem Moment wünschte ich mir, er verstünde Arabisch, da ich die passenden, tröstenden Worte auf Deutsch nicht kannte.

Er hatte noch immer nicht gefragt, warum ich den Irak verlassen musste. Bei manchen Menschen, die mich nach meiner Flucht fragten, schien die Flucht an sich eine Art Faszination auszulösen, während sich in mir selbst eine Leere auszubreiten begann. Ich lernte, meine Antworten zu dosieren, ein klares Bild zu hinterlassen, das keinen Raum für Spekulationen offenhielt, und mich trotzdem nicht ausgestellt zu fühlen.

«Dieses Lokal ist wirklich schön. Du kennst dich aber gut aus in der Stadt.»

«Danke.»

«Was wissen die Iraker über die Schweiz? Welche Vorstellungen haben sie von diesem Land?», wollte er dann wissen.

«Im Irak sagt man, das Gericht in der Schweiz öffne seine Türen zweimal im Jahr, weil es kaum Angeklagte gebe.»

«Das wäre eine schöne Vorstellung, aber wie kommt ihr zu diesem Bild?»

«Ich weiß es nicht, vielleicht kommt es von der Tatsache, dass in der Schweiz immer Frieden war. Sie hat nie versucht, andere Länder zu erobern und hat sich nie an einem Krieg beteiligt. Der Krieg hat bei uns die Vorstellung entstehen lassen, dass ein Land ohne Diktatur oder bewaffneten Konflikt ein Märchenland sein muss. Am Anfang konnte ich kaum glauben, dass Politiker wie andere Menschen auf der Straße anzutreffen sind. Bei uns glauben Politiker zu wissen, dass alles, was zwischen Himmel und Erde erschaffen wurde, allein für sie bestimmt sei. Ich musste mir die Augen reiben, als ich hier eine bekannte Parlamentarierin mit dem Velo zur Arbeit fahren sah. Wo sind die Polizei und der Sicherheitsdienst?, fragte ich mich. Im Allgemeinen ist das Wissen über den Westen durch die Kolonialzeit geprägt beziehungsweise militärisch begründet. Keine vertrauenswürdigen Quellen. Was die amerikanischen Soldaten in Bagdad anrichten, darf ja nicht dem amerikanischen Volk angelastet werden.»

«Und was ist mit dir? Willst du nach Kriegsende hierbleiben, oder zieht es dich zurück in deine Heimat?»

«Ich weiß es nicht. Wenn man im Irak geboren wird, hat man zwei Möglichkeiten: fliehen oder sterben. Doch die allergrößte Tragödie, die einem im Irak widerfahren kann, ist, weder getötet zu werden noch fliehen zu können. Ich konnte fliehen, trotzdem holen mich dieselben zwei Möglichkeiten wieder ein.

Bleibe ich in der Fremde, wo ich mich in der Zerrissenheit zwischen innen und außen ständig ändere, aber so oder so immer zu den anderen gehören werde? Ich wäre dann wie ein Käfer, der auf den Rücken gefallen ist; ich bewegte mich ständig, ohne voranzukommen. Oder kehre ich in die Heimat zurück, wo an jeder Ecke ein Trauma lauert? Der Krieg hat Grenzen zwischen uns Irakern gezogen, und der Hass unter den Religionen und Ethnien löste sich nach Saddams Sturz nicht auf, sondern verstärkte sich noch.

In der Fremde zu leben ist für mich ein Zustand, der mir wie eine Abwesenheit der Seele vorkommt. Nicht nur in meinem Alltag, sondern auch in meinem Kopf, in meinem eigenen Denken fühle ich mich manchmal fremd. – Ich kann mich erinnern, wie ich zu Beginn einen Mann mit einem Stück Wassermelone an der Kasse der Migros stehen sah. Ich sagte mir: Oh, eine Wassermelone wird hier in Stücken verkauft? In diesem Land werde ich mit Sicherheit verhungern.»

Mein großzügiger Arbeitgeber lachte auch, als ich ihm erklärte, dass im Irak niemand glauben würde, dass man in der Schweiz den Kellner um Erlaubnis bittet, die Rechnung bezahlen zu dürfen.

«Ja, das stimmt, diese Art der Kommunikation ist ein wenig speziell. – Kann ich dich nochmals anrufen, falls ich dich für eine Arbeit bräuchte oder auch einfach, um einen Kaffee zu trinken? Ich kenne auch gute Lokale, die dir gefallen könnten.»

Während er die Rechnung bezahlte, redete er mit der Servierdame auf Schweizerdeutsch. Sie lachten über etwas, was ich nicht verstand. Ich lachte trotzdem mit.

Was für ein merkwürdiger Zufall, dass der erste Schweizer, für den ich gearbeitet habe, ebenfalls die Fremde erlebt hat. Er verabschiedete sich von mir und gab mir seine Hand. Er schaute mir in die Augen und sagte: «Ich weiß, dass der Übergang von der Heimat in die Fremde schwer ist. Er erfordert viel Energie. Ich bin mir aber sicher, dass du diese Energie hast und es schaffen wirst. Und eines darfst du nicht vergessen: Es ist nicht schlimm, anders zu sein.»

Mit raumgreifenden Schritten und umgeben von einer schwer definierbaren Magie verließ er das Café. Ich sah ihn von hinten: groß, schlank, mit Mantel und Hut, wie eine Figur, die aus einem Roman von Nagib Machfus in die Realität herübergesprungen war.

Im Zimmer betrachtete ich das Papier, auf das er seine Adresse und Telefonnummer geschrieben hatte. Er hatte eine schöne Handschrift. Seine Worte in dunkler, schwarzer Tinte sahen aus wie ein Vogelschwarm. Wie oft habe ich den Flug der Vögel am winterlichen irakischen Himmel betrachtet, wenn sie nach Süden zogen.

Die Schwärme gaben den einheimischen Bauern ein Gefühl von Hoffnung, sie glaubten, dass sie das Zeichen für einen ertragreichen Sommer seien. Mit diesem Gefühl faltete ich das Papier sorgfältig zusammen, ließ es stolz in meine Tasche gleiten und war froh, das Vertrauen eines Menschen gewonnen zu haben.

Es war das zweite Mal, dass ich in der Schweiz ein Gefühl des Vertrauens genoss. Das erste Mal war kurz nach meiner Ankunft gewesen. Ich wusste nicht, wann in Zürich der letzte Zug nach Baden fuhr. Ich hatte mich verspätet, weil ich auf einer interkulturellen Veranstaltung gelesen hatte. An der Tramhaltestelle fragte mich eine Schweizerin, warum ich hier stehen würde. Sie konnte ein bisschen Arabisch und war an der Lesung gewesen. Sie fragte, ob sie mir behilflich sein könne.

«Ich möchte zum Hauptbahnhof, ich muss auf den Zug.»

«Es gibt aber keine Züge um diese Zeit, kann ich Sie irgendwo hinfahren in Zürich?»

Ich zögerte und sagte dann: «Vielen Dank, ich lebe nicht in Zürich, sondern im Aargau.»

Sie schwieg einen Moment, ich sagte: «Vielen Dank, ich werde schon eine Unterkunft finden.»

«Ich könnte Sie nach Hause fahren, wo wohnen Sie?»

«Das bringt leider nichts, ich habe vergessen, dass das Haus die Türen um zehn Uhr schließt.»

«In welchem Haus leben Sie?»

«Im Asylantenheim.»

Ich versuchte, die Situation aufzulockern. «Wissen Sie, es ist kein Problem. Sehen Sie den Garten da? Es ist eine angenehme Nacht, und ich warte hier, bis der Tag anbricht.»

«Aber das ist doch kein Garten, wollen Sie die Nacht wirklich auf einem Friedhof verbringen?»

Unterwegs zu ihrem Haus war das Autoradio an, ein Programm mit klassischer Musik lief. Von der Moderatorin verstand ich kein Wort, nur «Bach» und «Musik» kannte ich.

«Es war eine schöne Veranstaltung.»

«Ja», erwiderte ich mit einem vorsichtigen Lächeln.

«Ich kann nur wenig Arabisch, deswegen konnte ich Ihre Texte leider nicht ganz verstehen, doch die Melodie Ihrer Sprache hat mir sehr gefallen.»

«Ja, ich habe eigene arabische Gedichte vorgetragen.»

Jedes Mal, wenn ich ihr eine Antwort gab, rutschte ich auf meinem Sitz hin und her und versuchte, Halt am Sicherheitsgurt zu finden.

«Stört Sie etwas?», fragte sie mich und sah zu mir.

«Nein, nein. Ich fühle mich ganz wohl», antwortete ich mit derselben Bewegung. Ich fühlte mich alles andere als wohl, ich war äußerst nervös. Ich fragte mich ununterbrochen, ob diese junge Dame verheiratet war. Lebte sie mit ihrem Mann, oder wohnte sie noch bei ihren Eltern? Wie wird sie ihnen erklären, wer dieser Fremde ist, den sie nach Mitternacht nach Hause bringt?

Ihre kleine Wohnung lag im dritten Stock eines alten Gebäudes. Der Eingang war vollgehängt mit Fotoporträts verschiedener Künstler, Schauspieler und Musiker. Der Gang war so eng, dass keine zwei Personen gleichzeitig die Schuhe anziehen konnten. Ich habe ihren Atem gespürt, als ich die Schuhe auszog.

«Das ist der Schrank, in den Sie Ihre Schuhe stellen können. Bitte entschuldigen Sie die Unordnung. Ich empfange selten Gäste.» Sie bedeutete mir mit einer Geste, dass ich eintreten durfte. «Bitte schön, Sie können es sich im Wohnzimmer bequem machen, ich komme gleich.»

Ich war irritiert. Sollte ich mich hinsetzen? Sollte ich stehen bleiben?

«Wünschen Sie etwas zu trinken?», hörte ich sie aus einem Nebenzimmer rufen.

«Ja, gerne ein Glas Wasser, wenn es Ihnen nichts ausmacht.»

Nur ein Sofa, zwei Bilder, ein Bücherregal und ein Tisch mit einem alten Plattenspieler waren im Wohnzimmer zu sehen. Das alte Gerät hatte meine Aufmerksamkeit erregt. Ob sie Musikerin war? Lebte sie hier alleine? Ich erinnerte mich an viele Szenen aus bekannten arabischen Liebesromanen.

Sie kam mit einem Glas Wasser zurück, stellte es auf den Tisch und sagte: «Es tut mir leid, ich habe weder ein Gästezimmer noch einen Herrenpyjama.»

«Das ist kein Grund, sich zu entschuldigen, ich bin es gewohnt, in meiner Jeans zu schlafen.»

«Ich könnte Ihnen ein T-Shirt anbieten.»

«Nein danke, ich kann in meinen Kleidern schlafen.»

Sie ging schweigend, und fünf Minuten später brachte sie mir ein Kissen und einen Krug Wasser, welchen sie neben das bereits leere Glas stellte. «Brauchen Sie noch etwas, bevor ich schlafen gehe?»

«Nein, danke schön, nur, wo sich der Lichtschalter befindet, könnten Sie mir noch sagen.»

«Gleich hinter Ihnen.»

Sie schenkte mir ein Lächeln und wünschte Gute Nacht. Als sie gegangen war, blieb ich eine Sekunde still auf dem Sofa sitzen. Seltsam, sagte ich mir und fragte mich, ob ich die Socken zum Schlafen ausziehen sollte.

Sie kam zurück: «Entschuldigung, das WC finden Sie links neben dem Eingang, falls Sie es brauchen.»

«Oh ja, danke schön.»

Ich hörte, wie ihre Zimmertür ins Schloss fiel. Nach zwei Minuten löschte ich das Licht und legte mich hin.

Als ich ihre Wohnung am frühen Morgen verließ, ohne sie es merken zu lassen, wurde mir klar, dass die westliche Kultur, in der ich jetzt lebte, ganz anders war als die, die ich aus dem Fernsehen im Irak kannte.

Diese zwei Personen, von denen ich nie mehr gehört habe, sind in meinem Gedächtnis namenlos geblieben und werden es bleiben: mein erster Arbeitgeber und meine erste Unterkunft in einer Zürcher Wohnung. Ihre Taten aber sind in mir verankert als glückliches Ankommen in der Schweiz. Beide gaben mir Kraft und Hoffnung, aber auch Vertrauen in meine Zukunft in diesem Land. Doch wie kann der Mensch eine gewonnene Hoffnung bewahren? Verzweifelt zu sein ist sehr einfach, es ist gratis und in großer Menge vorhanden. Hoffnung aber kostet, denn es ist eine anstrengende Arbeit. Man muss bereit sein, diese Investition zu leisten.

Ich vermisste die langen winterlichen Nächte, in denen wir meine Großeltern besuchten. In der Nacht lagerten wir um die kleine Feuerstelle, die mein Großvater draußen vorbereitet und dann ins Zimmer gebracht hatte. Meine immer schön gekleidete Großmutter war die Einzige mit blasser Haut in der Familie. Sie war eher klein, etwas dick und hatte Tattoos auf beiden Handoberflächen. Das Ornament auf ihren Händen sah man gut, wenn sie das Tablett mit Tee und Gebäck zur Feuerstelle brachte. Sie verteilte die Kekse und war die Einzige, die mit dem Servieren bei den Kindern begann. Sie warf immer ein kleines Stück Holz ins Feuer, und Sekunden später verbreitete sich im Zimmer mit der hohen Decke ein wohltuender Duft, der mir noch immer in der Nase liegt. Ich glaube, jedes ihrer Enkelkinder kennt diesen Duft, vor allem, wenn sie uns auf ihren Schoß nahm und mit uns kuschelte. An diesem Feuer hat sie uns so viele Geschichten erzählt. Manche haben uns Angst eingeflößt. Je größer unsere Angst war, desto näher rutschten wir zu ihr hinüber.

Viele Jahre später erfuhr ich, dass dieses kleine Holzstück, das sie ins Feuer warf, von einem Sidarbaum stammte. Dieser Baum gilt in der islamischen Kultur als gesegnet, weil die Muslime glauben, dass ein Sidarbaum am Ende des siebten Himmels stand und ihm der

Prophet Mohammed auf seiner Himmelfahrt begegnete. Meine Großmutter nannte ihn den Baum der Hoffnung. Sie glaubte fest, dass dieser Baum für denjenigen, der ihn anpflanzte, Glück und ein langes Leben brachte. «Wenn du groß bist, musst du einen Sidarbaum in deinen Garten pflanzen», sagte sie mir einmal, während sie einige Äste zurechtschnitt.

Ich mochte meine Großmutter, und wie sie mit dem Leben umging, faszinierte mich. Als Jugendlicher sah ich sie oft Brotteig kneten und wusste, dass sie von niemandem angesprochen werden wollte. Sie zog sich fast immer in dieselbe Ecke des Zimmers zurück, in der geschlafen, gekocht und gegessen wurde und wo man sich unterhielt. Zum Schluss bedeckte sie den Teig mit einem derselben Tücher, mit denen sie ihren Kopf verschleierte, wenn sie betete, und ließ den Teig in ihrem Kleiderschrank ruhen. Es kam mir nie in den Sinn zu hinterfragen, was dieses Schweigen zu bedeuten hatte, ich war daran gewöhnt.

Einmal, nach dem Abendessen, als sie in ihrem Haus singend die Teller in dem großen Abwaschtrog in der Mitte des Raumes spülte, sprach ich sie an.

«Aha, das gleiche Lied», sagte ich und rutschte auf der Kante des nahen Bettes näher zu ihr.

«Ja, ja, magst du es nicht mehr?», antwortete sie und setzte ihr Lied summend fort.

«Nein, wer hat das gesagt? Ich liebe deine Lieder, aber sie sind traurig, und ich mag es nicht, die Traurigkeit in deiner Stimme zu hören.»

«Mein Lieber, auch wenn die Traurigkeit verstummt, sie ist trotzdem da.»

«Aber warum singst oder redest du beim Teigkneten nie?»

«Weißt du das nicht?», entgegnete sie erstaunt. «Singen oder Reden beim Kneten macht das Brot bitter.»

«Wirklich? Ist das wahr? Hast du das ausprobiert?»

«Nein, ich weiß es von meiner Mutter. Reden kann vieles verderben, was wir erst später merken.»

Das war ihre Art. Sie hat die Dinge nie begründet. Auch wenn sie über sich selbst oder ihre Gefühle sprach, kam sie mit wenig Worten aus. Sie war Analphabetin, Tochter eines Bauern aus einem Dorf in der Nähe der Altertümer Babylons. Zu Beginn des zwanzigsten Jahrhunderts gab es noch keine Schule, die sie hätte besuchen können, sie hatte ihre Weisheit von ihrer Großmutter und ihrem Vater. Sie erzählte mir wunderschöne Geschichten über Wüsten und Helden, hatte die Begabung, sie lebendig werden zu lassen. Meine Großmutter war für mich die erste Quelle meines Wissens. Märchen, Geschichten, Sprichwörter, Lieder, Weisheiten, aber auch Witze habe ich schon als Kleinkind von ihr geschenkt bekommen. Als Erwachsener recherchierte ich nach dem Ursprung dieser Erzählungen und bemerkte schnell, dass sie selbst die Verfasserin sein musste.

Ohne es zu wollen, schlüpfte ich im Asylantenheim in Aarau in die Rolle meiner Großmutter. An bedrückten Abenden teilte ich mit den Mitbewohnern meines Zimmers die Schätze meiner Kindheit. Ich sang sogar

Großmutters Lieder. In den Ohren eines Mitbewohners klangen sie wie ein Gesang von Gefangenen. Er hatte recht, denn die Texte tragen die Last der Verzweiflung, der Angst, und wurden seufzend gesungen. Aber sie halfen wie ein Gebet oder ein Segen. In einer bitterkalten Nacht Ende Januar 1991 hatten wir zu Hause weder Strom noch Öl zum Wärmen. Wir saßen alle in der Küche, Militärflugzeuge dröhnten, draußen waren endlose Schießereien zu hören. «Möge Allah zusehen, dass uns niemand bombardiert», sagte meine Mutter und begann diese Lieder zu singen. Damit konnte sie uns alle beruhigen. Ihre Stimme war der ihrer Mutter sehr ähnlich.

Von meiner Großmutter habe ich die absolute Hoffnung geerbt. Sie hat sich nie der Verzweiflung anheimgegeben. Sogar vor dem Tod hat man ihr die Angst kaum angesehen. Sie wirkte vertraut mit dem, was danach auf sie wartete: das Paradies. Ganz im Gegensatz zu vielen Irakern, die die Angst vor der Hölle prägt. Ihnen ist die Hölle weit näher als das Paradies. Ich spüre noch heute die Wärme, die aus der Seele meiner Großmutter strömte.

Hoffnung kommt bei mir meistens schneller auf als Verzweiflung. Aber es gibt nichts Schmerzhafteres als die Sehnsucht nach einer verstorbenen Person. In diesem Fall verschwindet auch bei mir der Wunsch, die Hoffnung am Leben zu erhalten, sagte ich mir, als ich das Haus meiner Verlobten in Frauenfeld verließ, wo ich mit ihr lange über meine Großmutter gesprochen hatte. Ich wollte nach Baden zurückkehren, aber aus irgendeinem Grund führten mich meine Füße zum nahen kleinen Wald. Es war ein Herbstmorgen, der Waldboden war mit einem farbigen Laubteppich bedeckt. Farben und Formen der gefallenen Blätter faszinierten mich.

Ich wollte mich ein paar Minuten hinsetzen. Ich öffnete meine Umhängetasche und nahm den letzten Brief von meinem Bruder Ali, den ich vor einer Woche erhalten hatte, heraus. Es war das vierte Mal, dass ich diesen Brief las. Zu meiner Überraschung hatte mir der Chef des Asylantenheims in der Küche mitgeteilt, dass ich einen Brief aus dem Irak bekommen hätte. Er sagte es auf eine Art, in der eine unangenehme Frage lauert, und seine Augen gaben mir zu verstehen, es sei nicht gut, als Flüchtling Kontakt zur Heimat zu haben. Am Abend sagte mir dann ein junger Afghane, ich solle für meine Briefe eine andere Adresse benutzen. «Du darfst deine privaten Briefe nicht an diese Adresse schicken lassen. Du weißt nicht, wer sie vor dir liest. Außerdem haben wir immer wieder einen Transfer, und dann musst du deiner Familie im Irak alle drei bis vier Monate eine neue Adresse geben», sagte er leise und schlich aus dem Raum.

Er trug dasselbe Hemd, mit dem er aus Kandahar geflüchtet war. Er sagte, dieses Hemd bringe Hoffnung im Leben, er nannte es «Hoffnungsbringer». «Dass es alt und nicht mehr schön ist, interessiert mich nicht. Dieses Hemd ist für mich ein Symbol des Springens, vom Tod ins Leben. Mit ihm konnte ich der Al Qaida entkommen, und es hat die ganze Geschichte meiner Flucht nach Europa mit mir durchlebt», antwortete er einmal jemandem, der hartnäckig danach fragte.

«Der Wille Gottes hat entschieden, dass weder du noch dein Hemd sterben», meinte ein religiöser Tunesier, der das Gespräch mithörte.

«Mir ist egal, wer entschieden hat, dass ich am Leben bleibe. Die Hauptsache ist, dass ich mit diesem Hemd gesprungen bin, und solange ich es trage, fühle ich mich wohl.»

Eine schöne Schrift hat Ali, dachte ich, als ich seinen Brief auffaltete.

«Salam Usama, wie geht es dir? Ich hoffe, es geht dir gut und du genießt die Zeit mit deiner Verlobten. Vergiss nicht, dass das die schönste Zeit ist, die man mit einer Frau verbringen kann. Du darfst keine Zeit vergeuden. Ich fürchte, dass du Bücher liest, statt sie zu treffen.

Unsere Eltern freuen sich riesig, weil du eine muslimische Irakerin heiraten wirst. ‹Wichtig ist, dass er sie liebt›, hat unsere Schwester Luma gesagt. Das ist auch meine Meinung. Die Liebe ist das Wichtigste, und ob sie Irakerin oder Muslimin ist, ist egal.

Als Erstes möchte ich dir mitteilen, dass ich in den vergangenen zwei Monaten viel gelesen habe. Nicht weil ich das wollte, sondern weil ich das Haus nicht verlassen konnte. Wir leben in Bagdad in einer Zeit, die schlimmer ist, als es die Neunziger waren. Bagdad ist eine Stadt geworden, in der sich Verbrecher frei bewegen können. Diebe regieren, Menschen mit einem langen

Bart, Milizen, Soldaten, Dschihadisten und andere Mörder. Es ist eine Stadt, die unter den islamischen Parteien leidet. Alle haben Angst vor allen: Schiiten vor Sunniten, Christen vor Muslimen, Muslime vor Liberalen, die ehemalige Regierungspartei vor Rache, Araber vor Iranern, Kurden vor Arabern und alle vor den alliierten Truppen. Die amerikanischen Soldaten bewegen sich wahnsinnig vorsichtig auf den Straßen, und sie bringen jeden um, den sie als bedrohlich einstufen. Jeden Morgen, wenn ich den Tigris von der rechten auf die linke Seite überquere, schaue ich den Fluss genau an. Es ist normal geworden, dass man eine Leiche hinuntertreiben sieht, und es ist auch nicht selten, dass jemand im Bus erzählt, wie ein Hund am frühen Morgen eine Leiche auf der Straße gefressen hat. Die Leute haben kein Interesse mehr, Geschichten von unbekannten Toten zu hören. Der Tod breitet seine Arme weit über die Straßen Bagdads aus. Kurz nach Mittag werden die Straßen meistens plötzlich leer, und alle Geschäfte und Cafés schließen. Eine verdächtige Stille herrscht dann über der Stadt, eine Stille, welche die Seelen frisst.

Am 9. April vor zwei Jahren, als der erste amerikanische Panzer den Al-Ferdos-Platz in Bagdad erreicht hatte, sah die ganze Welt zu, wie Saddams Statue stürzte. Sein Kopf und sein Oberkörper fielen auf den Boden. Wir Iraker jubelten dazu: «Eine neue irakische Epoche hat begonnen.» Wir hätten darauf achten sollen, dass nur der Oberkörper dieses Teufels auf den Boden gefallen war, denn seine Beine standen noch immer fest auf irakischem Boden. Weißt du, ich will dich nicht traurig machen, ich will dir nur klar sagen, wo ich jetzt lebe. Aber meine Hoffnung ist nach wie vor groß. Sie ist immer noch größer als der Wille der Terroristen. Bagdad ist und bleibt die Perle des Orients. Ich und meine Generation lassen sie wieder glänzen. Ich schreibe dir diesen Brief aus einem Café in der Al-Rashid-Straße. Diese Straße liegt in deinem Herzen, das weiß ich. Eine goldene Morgensonne scheint darauf. Viele Leute gehen am Café vorbei. Die Hoffnung treibt sie an, ihren Alltag trotz allem zu meistern. Und jetzt kommt ein Straßenverkäufer mit seinem Wagen voller selbst gemachter Baklawa und Kunafa. Er schreit: ‹Bagdads Süßigkeiten bleiben süß.›

Lieber Usama, ich denke viel an dich. Ich weiß, dass du in der Fremde auch deine Schwierigkeiten hast, halte aber bitte an der Hoffnung fest, denn es gibt nur sie. Erinnerst du dich noch an das irakische Sprichwort, das du früher oft gebraucht hast: ‹Willst du einen Hasen? Nimm dir einen Hasen. Willst du ein Reh? Nimm dir den Hasen.› Das ist genau das, was ich jetzt mit meinen Kollegen in der Uni erlebe. Wir treffen uns im großen Garten der Uni und sitzen im Schatten des großen Sidarbaumes. Unter diesem Baum haben sich viele Generationen getroffen. Ihre grünen Blätter haben viele Gespräche mitgehört.

Ruf mich bitte an, falls es dir möglich ist. Ich vermisse deine Stimme. Ali, 11. November 2005»

Als ich den Brief wieder einsteckte, fiel mir auf, dass

ich ihn mit lauter Stimme gelesen hatte, als ob ich ihn jemandem vorgelesen hätte. Ja und?, dachte ich. Niemand hier kennt mich. Außer diesen Bäumen hat es niemand gehört.

Ich saß wirklich tief im Wald, lehnte meinen Rücken an einen Stamm, der ziemlich dick war. Es war der einzige Baum, der grün war inmitten der Herbstfarben. War es Zufall, dass es eine Fichte war?

Ich stand auf und suchte den Weg aus dem Wald zurück in die Stadt. Ich musste Ali heute noch anrufen. Was machte dieser Verrückte an diesem immer heftiger brennenden Ort, wo es nirgends nach Frieden, dafür umso mehr nach Tod roch? Warum verließ er ihn nicht und ging in den Süden, wo unsere Eltern in weniger großer Gefahr leben konnten? Ich wusste, dass er das Leben bei den Eltern nicht mochte, meine ältere Schwester sagte mir einmal am Telefon, dass Ali die Anwesenheit meiner Eltern nie wieder würde ertragen können, seit sie ihm im Weg standen, eine Beziehung mit einer Christin einzugehen. Der unaufhörliche Versuch, Alltag und Religion zu vereinen, machte das Leben im Südirak extrem schwierig. «Ein Aufeinandertreffen zweier Zeitalter», hatte Ali die Situation in Nassirija einmal trocken zusammengefasst.

Kaum trat ich aus dem Wald, begann es zu regnen. Ich ging zur Hauptpost in Frauenfeld. Ein junger Afrikaner besetzte die Telefonkabine. Er gestikulierte während des Gesprächs, und von Zeit zu Zeit warf er mir einen Blick zu und vertröstete mich mit einem Lächeln.

Er sprach nicht nur, er schwitzte seine Sätze geradezu aus. Ich spürte jedes seiner Worte, ohne sie zu hören. Mit dem Ärmel wischte er sich den Schweiß von seiner Stirn, unter den Achseln waren Schweißflecke zu sehen.

Ausnahmsweise erreichte ich Ali auf Anhieb.

«Wie geht es dir?», fragte ich ihn.

«Gut. Ich habe heute einen Auftrag als Übersetzer bekommen. Zwei Dokumente soll ich vom Arabischen ins Französische übertragen», sagte er lachend.

«Was sind das für Dokumente?», fragte ich zurück.

«Es handelt sich um Urkunden eines alten Hauses in Bagdad.»

Der Apparat fraß die eingeworfenen Münzen mit einer unglaublichen Geschwindigkeit.

«Hör zu, ich will dir etwas sagen.»

Ali redete und lachte weiter, während ich versuchte, meine Sorgen auf fünf Franken zu verdichten.

«Ich bitte dich, verlass Bagdad jetzt, auf der Stelle! Warum gehst du nicht in den Süden? Geh dorthin, und wenn es nur für einen Monat ist!»

«Usama, hör auf, mich zu nötigen! Du weißt, wie ich dich liebe und dein Wort respektiere, aber ich kann nicht außerhalb von Bagdad leben, verstehst du? Ich gehöre keiner Konfliktpartei oder Miliz an, du musst keine Angst haben.»

«Ali, es ist Bürgerkrieg. Das ist kein Spiel.»

«Ich weiß, Usama, ich bin kein Kind mehr, aber da hört der Gehorsam auf. Ich kann nicht im Süden leben.

Wenn ich Bagdad verlassen soll, dann bring mich lieber raus aus dem Irak.»

Ich schwieg. Die letzten fünfzig Rappen blinkten auf dem Display.

«Was? Willst du hierher kommen?»

«Nein, nicht unbedingt in die Schweiz, einfach raus. Jordanien, Türkei, Libanon oder irgendwo außerhalb dieses Loches, aber bitte sag mir nie wieder, dass ich von Bagdad in den Süden flüchten soll, bitte.»

Der Apparat hatte die letzten fünfzig Rappen verschlungen.

Ich knallte den Hörer zurück auf die Gabel und verließ die Kabine mit einem schweren Kopf. Ein junger Mann wartete draußen, außer seiner Zigarette war er ganz vom Regen durchnässt, aber er war glücklicherweise nicht verärgert. Er lächelte mich an, als ich ihm die Tür aufhielt. Irgendetwas hatte uns miteinander verbunden; ob es der Hass auf das Fremdsein oder die Hoffnung auf ein besseres Leben war, das weiß ich bis heute nicht.

Was trieb mich an, immer wieder die Verbindung zu meiner Familie zu suchen? Wieso war ich so hungrig, jedes Detail aus ihrem Leben zu erfahren? Ich hatte das Gefühl, dass ich die Bürde und das Leid, welches meine Familie noch immer erlitt, auf meinen Schultern mittrug. Als wären mir meine eigenen Schwierigkeiten nicht genug.

Wie sollte ich Ali Geld schicken, wenn ich nicht einmal eine Arbeit hatte und noch nicht mal Rückmeldungen auf meine vielen Bewerbungen erhielt? War es vielleicht doch besser, den Kontakt zu meiner Familie abzubrechen und den Irak vollkommen hinter mir zu lassen? Ich dachte an die erste Generation, die Mitte der Siebzigerjahre aus dem Irak geflohen war. Diese Menschen waren für die Zurückgebliebenen im Irak verschwunden, niemand wusste, wo sie lebten. Was machte ich falsch? Wieso war ich so abhängig von den Vorgängen in meiner Heimat? Aber allein die Vorstellung, nie wieder mit meinem Bruder Ali zu sprechen, nie wieder seine Stimme zu hören, drückte mich nieder.

Im Zug von Frauenfeld nach Zürich beschloss ich, um jeden Preis eine Arbeit zu finden, egal was. Bügeln, putzen, Falafel verkaufen, Kartoffeln ernten, Geschirr waschen, auf einer Baustelle arbeiten. Hauptsache, ich konnte Geld in den Irak schicken, um Ali herauszufischen.

Beim Abendessen mit Bilal beschloss ich, wieder zu Delschad in die Pizzeria zu gehen.

«Kannst du ihn anrufen?», fragte ich Bilal.

«Ja, das mache ich gerne für dich.»

«Wie viel hat es euch gekostet, deinen Bruder aus dem Irak nach Beirut zu bringen?», fragte ich weiter.

«Ich weiß es nicht genau, ich glaube ungefähr zweitausend Dollar. Meine Mutter musste Möbel aus dem Haus verkaufen. Und wir mussten auch noch Geld besorgen, um ihn von Beirut nach Europa zu schmuggeln.»

«Kann er nicht dort bleiben und irgendeine Arbeit suchen?»

«Nein, er hat keine Papiere und würde dort verhungern. Weißt du, wie teuer das Leben im Libanon ist? Teurer als in der Schweiz. Also ich würde euch nicht raten, Ali in den Libanon zu schicken, sondern in die Türkei.»

«Ich weiß es nicht. Für mich ist nur wichtig, dass er Bagdad verlässt. Ich habe vor Kurzem gehört, dass die Türkei aufgehört hat, den Irakern ein Visum zu geben. Irakische Flüchtlinge stecken sie drei bis vier Monate ins Gefängnis, danach schaffen sie sie nach Kurdistan.»

«Ja, das stimmt», sagte Bilal, «aber für Schmuggler sind die Wege in der Türkei offener. Einen gefälschten Pass zu bekommen, ist in Istanbul einfacher als in Beirut. Denkst du, dass du mit der Arbeit von Delschad Geld in den Irak schicken kannst? Das sind ja nur zehn Franken in der Stunde.»

Ich sagte nichts, da er recht hatte. Wir schwiegen eine Weile, dann sagte er: «Hast du mir nicht einmal gesagt, dass du Arabischunterricht für ein paar Schweizer gibst und Bekanntschaft oder Freundschaft mit den Leuten schließen konntest?»

«Ja, das habe ich.»

«Kannst du nicht ein wenig Geld als Vorschuss von jemandem bekommen und das mit Unterrichtsstunden abzahlen, wenn es dir so wichtig ist, dass Ali aus dem Irak weggeht?»

Bilal ließ mir keine Zeit zur Antwort, sondern stellte

eine weitere Frage, die mir Angst machte: «Ist Ali von der Al Qaida bedroht worden?»

«Nein, nein. Ali hat überhaupt nichts damit zu tun. Er ist ein einfacher Student, der weder mit der Politik noch mit dieser oder jener Gruppe in Verbindung steht. Ich will, dass er aus Bagdad weggeht, weil es eine Stadt geworden ist, in der nur Bewaffnete und Verrückte leben.»

Obwohl ich sehr genau wusste, dass ich mich zu sehr schämen würde, Geld zu borgen, brachte mich Bilals Idee «Geld gegen Arabisch» zum Nachdenken. Ich schlief voller Hoffnung ein, das Geldproblem schnell lösen zu können. Es ist nicht wichtig, Grund zur Hoffnung haben, wichtig ist, dass man sie hat.

Der Baum der Ungewissheit

1. April 2006, ich konnte nicht viele Pizzaflyer verteilen. Nur in einigen Häusern und Wohngebieten in Zufikon, Berikon, Waltenschwil und Wohlen konnte ich welche anbringen. Auf dem Rückweg zum Bahnhof Bremgarten begleitete mich ein kalter Wind, ich hatte Tränen in den Augen. Ich war verzweifelt, weil Delschad mir seit drei Monaten immer wieder versprach, dass ich bei ihm offiziell angestellt und einen normalen Lohn verdienen würde, aber er hatte sein Wort nicht gehalten. Er hatte mir auch nie klar gesagt, warum es mit meiner Arbeitsbewilligung so lange dauerte. Ich hatte das Gefühl, dass ich ausgebeutet wurde oder dass irgendetwas schieflief. Ich überlegte mir, die Arbeit aufzugeben, da es sich wirklich nicht lohnte, dafür jeden Tag in den Aargau zu fahren.

Ich wohnte inzwischen in Frauenfeld und war dort in den Zug gestiegen, im Abteil lachten Jugendliche über Aprilscherze. In meinem Kopf arbeitete es. Warum Scherz? Waren das nicht Lügen? «Lüge» oder «Scherz» wurden im Irak anders verwendet. Meine Arbeitssuche kam mir vor wie eine fiese Aprillüge: Man schenkt ihr für einen Moment Glauben, dann stellt man schnell fest, wie dumm man war. Auch andere hatten mein Problem, das war mir schon klar. Es gibt kein Leben ohne Probleme oder Leiden.

Als Studenten saßen wir fast immer im selben Café

in der Nähe der Uni und sprachen über Poesie und Literatur der westlichen Nachkriegszeit. Unsere Wahrnehmung des Westens war ziemlich unrealistisch. Wir dachten, dass die Zeit nach dem Kalten Krieg Aufschwung und Demokratie gebracht und es keinen Raum für Verzweiflung mehr gegeben habe. Ich hätte persönlich auch nie gedacht, dass man in westlichen Ländern die doppelte Energie brauchte, um mithalten zu können. Vom Wetter, der Sprache, der Kultur und dem Leben im Westen allgemein hatte ich keine Ahnung. Jetzt wurde mir bewusst, dass mir ein hartes Leben bevorstand.

Im Zug zurück nach Frauenfeld vibrierte mein Handy: «Wann kommst du?», fragte meine Frau.

«Ich bin unterwegs, ich sitze im Zug», antwortete ich. Sie hörte aus meiner Stimme, wie verzweifelt ich war.

«Es wird alles gut. Komm schnell nach Hause. Soll ich etwas Kleines vorbereiten? Hast du Lust, in deinem Lieblingswald spazieren zu gehen?»

«Ja, sehr gerne.»

Ich hängte auf. Ich vermisste sie, sobald ich mich von ihr verabschiedete. Wenn ich ihre Hand in meine Hände nahm, spürte ich, wie sich die Liebe in meinem ganzen Körper ausbreitete. Manchmal drückte ich nur deswegen ihre Hände, bis sie «Nicht zu fest!» seufzte.

Unterwegs zum nahen Wald sahen wir zwei junge Frauen. Sie hatten ein Seil zwischen zwei dicke Stämme gebunden und übten, darauf zu balancieren.

«Weißt du, wo der Unterschied zwischen einem Fremden und diesen zwei jungen Frauen liegt?», fragte ich meine Frau.

«Nein», antwortete sie, «was meinst du?»

«Sie lachen, wenn sie fallen, und stehen begeistert wieder auf. Ein Fremder würde irgendwann aufgeben und verzweifelt nach Hause gehen.»

Meine Frau sah mich an. Sie erinnerte mich an den Brief, den ich letzte Woche von der Stadt Frauenfeld erhalten hatte. «Vielleicht wäre das eine gute Gelegenheit, um eine feste Anstellung zu bekommen?», sagte sie.

«Das ist aber ein Beschäftigungsprogramm und keine feste Stelle, meine Liebe.»

«Ja, das weiß ich, aber es könnte sich doch etwas daraus ergeben?»

«Und was soll ich machen bis zum Sommeranfang? Ich kann nicht arbeitslos herumsitzen.»

«Hast du Delschads Flyer vergessen? Dafür brauchst du mindestens drei Wochen.»

«Ich weiß. Aber ich versuche, damit aufzuhören, es lohnt sich gar nicht!»

«Ja, da hast du recht. Seit drei Monaten arbeitest du für ihn und hast weder Geld noch einen Job erhalten.»

«Ich habe ihm das letzte Mal gesagt, dass ich das Geld brauche, weil ich einen Teil davon meinem Bruder nach Bagdad schicken müsse. Er tat so, als ob er mich nicht hören würde. Am Abend bezahlte er mir die Fahrkosten und zeigte mir seine unbezahlten Rechnungen. ‹Schau,

Usama, das hier sind alles Mahnungen.› Ich wusste bis dahin nicht einmal, was ‹Mahnung› bedeutet.»

«Usama, verteile die Flyer, die du noch hast, und dann brich den Kontakt zu diesem komischen Mann ab.»

«Ja, ich tu es. Ich verspreche es dir.»

Donnerstag, 20. April 2006. Es war ein ganz gewöhnlicher Apriltag, ich ging von Briefkasten zu Briefkasten und verteilte Pizzaflyer. Obwohl mein Rucksack schwer war, verteilte ich zuverlässig: Jeder Briefkasten bekam nicht mehr und nicht weniger als ein Exemplar.

«Wirf einen Flyer ein, egal was auf dem Briefkasten steht», hatte mich Delschad angewiesen, und so schob ich in jeden Schlitz einen Flyer, auch wenn «Keine Werbung» daraufstand.

Genau vor der schönen alten Holzbrücke in Bremgarten klingelte mein Telefon. Ich legte die Flyer auf eine Parkbank am Ufer der Reuss. Auf dem Display leuchtete die Nummer meines Bruders Naser im Irak. Ein seltsames Zittern breitete sich von meinen Fingerspitzen über meinen ganzen Körper aus, und mich überkam eine Mischung aus Angst und Hoffnung.

«Bruder, es tut mir sehr leid. Ich muss dir jetzt die Wahrheit sagen. Es noch länger zu verbergen, ist unmöglich.»

«Ist Ali getötet worden?», unterbrach ich ihn.

«Nein», entgegnete mein Bruder «Er ist vor zehn Tagen in Bagdad verschwunden.»

Die Nachricht überraschte mich nicht. Ich hatte gewusst, dass es soweit kommen musste.

«Zehn Tage?», fragte ich in der Hoffnung, mich verhört zu haben.

«Ja, wir haben es dir verheimlicht. Deine dauernden Anrufe in den letzten Tagen haben wir absichtlich nicht beantwortet. Wir wollten erst nach irgendeinem Hinweis, einer Spur, einer Nachricht suchen. Aber jetzt fühle ich mich verpflichtet, dir diese Nachricht zu überbringen, bevor es zu spät ist.»

Ich lehnte mich an das Brückengeländer. Der Wind trug die Pizzaflyer auf der Bank in alle Richtungen davon, ich rannte ihnen hinterher und begann sie hektisch einzusammeln.

«Woher rufst du an?», rief ich ins Telefon, während ich die Flyer in meinen Rucksack zurückstopfte. Ein paar Schüler legten ihre Schulranzen ab und begannen, mir beim Einsammeln zu helfen.

«Danke, danke schön.»

«Was, was sagst du da?»

«Ich rede nicht mit dir.»

«Ich bin in Bagdad, wenn die Verbindung abbricht, habe ich mein Guthaben aufgebraucht. Ich bleibe hier, ruf mich an.»

Als die Verbindung tot war, packte ich den letzten Flyer in meine Tasche. Auch ich musste mein Telefonguthaben aufladen. Wie in Trance überquerte ich die Brücke Richtung Bahnhof.

«Telefonguthaben für zwanzig Franken und eine

Schachtel Marlboro rot bitte.» Es gab keinen Grund mehr, Geld zu sparen, sagte ich mir.

Sollte ich meine Frau anrufen oder warten, bis ich zu Hause war? Im Zug telefonierte ich nie, seit ich bemerkt hatte, dass es manche Schweizer störte, wenn dort jemand in einer Fremdsprache telefonierte. Jetzt empfand ich es als eine Art Arroganz, die ich nur schlecht ertrug. Zweimal hatte ich erlebt, dass Leute ihren Platz wechselten, weil jemand in ihrer Nähe telefonierte. Einmal war es ein junger Iraker, der seiner Mutter den Alltag im Asylantenheim schilderte. «Es ist ein Todesurteil, Mutter», sagte er laut. Er hatte die Sache auf den Punkt gebracht, dachte ich bei mir und tat so, als ob ich seine Sprache nicht verstünde.

Ich verwählte mich mehrmals. «Eine Verbindung mit diesem Land ist zurzeit nicht möglich», wiederholte eine elektronische Stimme immer wieder.

Der Schock zog mir den Boden unter den Füßen weg. Aber hatte ich es nicht kommen sehen? Hatte ich ihn nicht immer ermahnt, Bagdad zu verlassen, weil ich seine Entführung befürchtete? Die Sonne versank langsam hinter dem Horizont, und ein leuchtendes Rot breitete sich über den Himmel aus. Der Himmel schien nah und tief wie meine Sehnsucht nach meiner Familie im Irak.

Ich ging auf den Zug. Wirre Gefühle breiteten sich in mir aus. Die Leute im Zug plauderten über Dinge, die ich nicht begriff oder von denen ich überhaupt nur einzelne Wörter verstand. Der Zug fuhr durch einen Wald, die Bäume wirkten bereit, sich dem Frühling in die

Arme zu werfen. Alles war grün, und noch nie hatte ich einen so prächtigen Frühling gesehen, aber der Zusammenbruch in meinem Herzen blockierte jede Freude darüber.

Meine Frau rief mich dreimal an, ich nahm nicht ab. Was sollte ich ihr sagen? Ich spürte eine Einsamkeit wie nie zuvor. Ich wollte schreien, ganz laut schreien.

Wo war Ali in diesen zehn Tagen? Was hatten sie mit ihm gemacht?

Ich verfolgte den täglichen Horror im Irak, seit die Dschihadisten Anfang 2005 in Bagdad einen Aufstand gegen die amerikanische Armee und die Schiiten begonnen hatten. Viele Iraker wollten nicht akzeptieren, dass es Saddam und seine Partei nicht mehr gab. Für sie waren Schiiten die Hunde der Besatzer. Die Al Qaida enthaupteten Menschen vor laufender Kamera, sie verminten Leichen und legten sie auf Märkte, Plätze und Schulwege.

Ich hatte Angst zu ersticken, obwohl ich atmen konnte. Meine Knie wurden schwach, und eine völlige Leere herrschte in meinem Kopf. Das Gefühl des Erstickens rief eine Erinnerung aus meiner Jugend in mir wach.

Meine Mutter richtete in der hintersten Ecke unseres großen Gartens das Abendessen zur Rückkehr meines Vaters her. Es war sein dritter Besuch zu Hause, seit er an die nördliche Kriegsfront geschickt worden war. Zwei Monate lang war er weg. Er blieb eine Woche und kehrte dann zurück zu seinem Dienst, den er zwei Jahre als Soldat im Infanteriebataillon ableisten musste. In den Achtzigerjahren, von 1980 bis 1988, waren alle Lehrer unter fünfundfünfzig Jahren verpflichtet, zwei bis drei Jahre in die Schlacht gegen den Iran zu ziehen. Allmählich hatte der Krieg das Gesicht meines Vaters verhärtet, seine Spuren hatten sich in seine Züge eingegraben, und jede Sache, egal wie banal sie war, konnte schnell und unerwartet prekär werden.

Als Kind dachte ich, mein Vater könne nur weinen, wenn jemand aus der Familie starb, bis ich ihn zweimal weinen sah. Das erste Mal, als er meiner Mutter erzählte, wie sein Nebenmann an der Front getötet wurde, als dieser nachts den Schützengraben verließ, um Wasser zu lassen. Eine iranische Rakete traf ihn. Das zweite Mal, als er ebenfalls meiner Mutter eine Begebenheit mit einem irakischen Bauern erzählte. Die Elite Saddams hatte ein Dorf umkreist und durchsucht. Als sie im Haus eines Bauern ein altes Gewehr fanden, verprügelten sie ihn auf brutalste Weise vor den Augen seiner Familie. Sie brachten beide Kühe um, welche die Bauernfamilie besessen hatte, verbanden dem Bauern Augen und Hände und nahmen ihn mit. In den Achtzigerjahren gingen Saddams Einheiten hart gegen die Kurden im Norden und die Schiiten im Süden vor.

Wir wussten, dass mein Vater seinen Dienst hasste, auch wenn er nie über seine Gefühle sprach. Kam eine Sendung über den Krieg oder eine Rede Saddams, hat er oft das Radio ausgeschaltet. «Was ist mit den Kindern? Wenn sie es erzählen?», hatte ich einmal meine Mutter mahnen gehört.

Nie hat er uns einen Brief von der Front geschickt, obwohl sich das meine Mutter so sehr gewünscht hätte. Er kam und ging, ohne uns ein Lebenszeichen zukommen zu lassen. Meine Mutter wusste bloß, dass er im besten Fall jeden zweiten Monat am dritten Donnerstag zwischen Nachmittag und Abend auftauchen würde.

Wir saßen auf einem speziellen Teppich, den man im Süden des Iraks aus Palmwedeln flicht. Mutter hatte alles besonders schön vorbereitet, gefüllte Weinblätter, Brot, Salat und verdünnter Joghurt lagen bereit.

Es war mitten im Sommer des Jahres 1985, die Hitze ließ alle in der kleinen Stadt schwitzen. Ali, noch keine zwei Jahre alt, aß eine Aprikose, die der Vater aus dem Norden mitgebracht hatte, und der Kern blieb in seinem Hals stecken.

«Er erstickt!», schrie meine Mutter und steckte ihren Finger in Alis Hals, um den Stein hervorzuholen, was aber die Sache nur verschlimmerte. Sie legte Ali in Vaters Arme, rannte in eine Ecke des Gartens, begann sich ins Gesicht zu schlagen und den allmächtigen Allah und den heiligen Ali anzurufen: «Oh Ali, du, der Heilige! Wenn du meinen Sohn so im Stich lässt, dann Schande über dich. Siehst du nicht, wie er verzweifelt nach einem Strohhalm greift?» Sie riss an ihren schwarzen Locken und schlug hysterisch auf ihre dicken Oberschenkel, nach Westen ausgerichtet, zur Stadt Al Nadschaf mit dem heiligen Grab des Imams Ali Ibn Abi Talib. Ihre Liebe zu diesem schiitischen Heiligen hatte sie von meiner Großmutter geerbt.

Wortlos beobachtete ich das Geschehen. Ich spürte förmlich die Hitze und das Kribbeln, das jeder Schlag auf ihrer Haut hinterließ. Ich sah meine Mutter nicht nur mit meinen Augen, sondern auch mit meinem Herzen und wünschte bei jedem Schlag, dass es der letzte sei. Sie schlug aber immer weiter, und jedes Mal verstärkten sich die roten Flecken auf ihrem Gesicht. Sie flehte Allah mit all seinen Engeln an, ihre Stimme überschlug sich zunehmend.

Mein Vater packte Ali an den Schultern, blickte ihm ins Gesicht, schüttelte ihn, und als sich Alis Gesicht blau verfärbte, begann auch mein Vater, die Nerven zu verlieren. Er sprach leise, wimmerte, murmelte Unverständliches vor sich hin. Dann versuchte er, seine Frau ins Geschehen zurückzuholen, rannte zu ihr, kam wieder zurück, während meine Mutter weiter nach Ali im Heiligengrab von Al Nadschaf rief.

Jetzt hielt mein Vater Ali kopfüber an seinen Füßen und schüttelte ihn so heftig, als ob er das letzte Sandkorn aus einem Teppich herausschütteln wollte. Plötzlich fiel der Aprikosenstein auf den Boden. Ali war bereits halb erstickt, und sein Speichel mischte sich mit dem Schweiß meiner Mutter, die ihn an ihre blutenden Wangen presste und fast erdrückte, während sie ihn überall küsste.

Der kleine Ali, der an einem ebenso heißen Julitag auf die Welt gekommen war, hatte ein zweites Leben geschenkt bekommen. Mein Vater saß barfuß in einer Ecke des Gartens, seine Haare fielen in sein blasses Gesicht, während er schweigend den Rauch seiner Zigarette ausblies. Wir Kinder standen in einem Halbkreis um unsere Mutter, die immer noch Ali im Arm hielt, meine zwölfjährige Schwester, mein siebenjähriger Bruder und ich, ein Teenager, der vor zwei Monaten vierzehn geworden war.

Meine Mutter bewahrte den Kern dieser Aprikose noch jahrelang auf, bis sie eines Tages beschloss, ihn im Garten des alten Hauses zu pflanzen. Sie sagte, dieser Kern müsse ein Baum werden, sie müsse diesem Kern ein Leben schenken, auch wenn er ihrem Sohn fast das Leben genommen habe.

Der Baum brachte ihr kein Glück. Sie hat Ali wahnsinnig geliebt, sie war geradezu abhängig von ihm. Ich betrachtete sie, wie sie ihm in die Augen blickte und seine Haare streichelte, während sie ihm die Brust gab. Sie hat ihn immer überall geküsst, mit ihm gespielt und ihm neue Kleider aus den alten der ganzen Familie genäht. Wir drei anderen Kinder waren nie eifersüchtig auf ihn, denn er war für uns alle wie ein großes Geschenk. Die Spuren ihrer Kratzer im Gesicht hat man noch wochenlang gesehen, vor allem ihre rechte Wange trug tiefe Verletzungen.

Ich erlebte meine Mutter nicht anders als viele andere Frauen im Irak, die sich schlugen und kratzten, wenn sie sich um ihre Kinder sorgten oder sie zu verlieren glaubten. Ich habe einmal meinen Lehrer gefragt, woher dieser Brauch stamme. Er meinte, der Ursprung liege in der uralten sumerischen Kultur. «Die Frauen schlugen sich ins Gesicht, wenn der Krieg ihre Liebsten fraß. Sie töteten ihren seelischen Schmerz mit einem körperlichen, den sie sich zufügten.»

Kurz vor dem Zürcher Hauptbahnhof erreichte ich endlich meinen Bruder in Bagdad.

«Hörst du mich?»

«Ja.»

«Wer sucht mit dir nach Ali? Bist du allein? Was ist mit unseren Eltern? Hat sich Mutter ins Gesicht geschlagen?»

Bevor er antworten konnte, war die Verbindung wieder tot. Ich stieg um nach Frauenfeld.

Meine Frau hat Ali nie gesehen und auch nicht mit ihm telefoniert, aber ich habe ihr oft von ihm erzählt. Sie wusste viel über ihn, und sie wusste auch, dass er für mich der bedeutendste Ast im Stammbaum meiner Familie war. Jetzt aber verstand sie nicht, wie mein Bruder seit zehn Tagen spurlos verschwunden sein konnte.

«Aber du hast doch immer mit ihm telefoniert; was heißt, er sei verschwunden?»

Ich konnte es ihr nicht richtig erklären. Wir hatten keine gemeinsame Sprache, wenn es um den Irak ging. Sie war vier Jahre alt, als sie mit ihrer Familie das Land verließ, und ihr Arabisch war nicht gut genug, um alles verstehen zu können. Was ich im Irak erlebt, was die Diktatur aus den Menschen gemacht hatte und was mich noch immer verfolgte, konnte sie auf Arabisch nicht erfassen, und ich konnte es auf Deutsch nicht sagen. Sie fragte und fragte, aber ich fand keine Sprache für die Grausamkeiten des Bürgerkriegs im Irak. Die Barriere zwischen unseren zwei Muttersprachen schien unüberwindbar, während Alis letzter Satz am Telefon in meinen Ohren nachhallte und mich quälte: Hol mich hier raus.

Ich verbrachte den Abend in der Wohnung wie eine Libelle über einem Teich, meine Frau versuchte vergeblich, mich zu beruhigen. Als sie unser Kind stillte und dann einschlief, schlich ich aus dem Bett.

Es war drei Uhr nachts, fünf Uhr im Irak. Ich musste nochmals versuchen, meinen Bruder Naser zu erreichen. Ich verließ unbemerkt die Wohnung und versuchte, Naser anzurufen. Der Vollmond zerriss die Nacht. Wie betäubt beschleunigte ich meine Schritte.

Nach ein paar Versuchen wurde mir klar, dass die Verbindung zum Irak im Moment nicht möglich war. Aber statt wieder nach Hause zurückzukehren, leiteten mich meine Schritte zum Ufer der Murg. Ich verfolgte den Mond, der sich zwischen den Bäumen zeigte, und sprach mit mir selbst. Ich übergab meine arabischen Worte dem fließenden Wasser.

Eine Stimme riss mich aus den Gedanken.

«Was machen Sie hier?»

Zwei Polizisten betrachteten mich skeptisch.

«Ich, ich spaziere», antwortete ich leise.

«Um vier Uhr morgens? Ausweis bitte!»

Ich zog meinen Ausweis aus dem Portemonnaie, «bitte schön», sagte ich.

Er begann zu telefonieren und meinen Vor- und Nachnamen zu buchstabieren, dann herrschte Stille. Ich rührte mich nicht, dann wiederholte ich, dass ich nichts gemacht hätte. «Ich trinke keinen Alkohol», sagte ich in meinem bestmöglichen Deutsch.

Statt einer Antwort sprach der Polizist in den Apparat: «Jawohl. Jawohl. Ok. Gut. Danke. Gute Nacht.»

Er gab mir meinen F-Ausweis zurück und fragte mich nach meiner Arbeit.

«Im Moment suche ich Arbeit, aber ab Anfang Juni bin ich in einem Beschäftigungsprogramm in Amriswil.»

«Gut», sagte der eine, der andere wünschte mir einen schönen Morgen.

«Danke schön, Ihnen auch», antwortete ich.

Auf dem Rückweg nach Hause wünschte ich mir plötzlich, ich hätte den beiden Polizisten die Wahrheit gesagt, weshalb ich um diese Zeit dagesessen hatte.

Ich schrieb Naser eine SMS.

«Lieber Naser, schreib mir bitte eine Mail. Ich wäre froh, wenn du mir Folgendes beantworten kannst: Wann ist Ali verschwunden? Wo war er zuletzt? Hatte er sein Handy dabei? Wo suchst du ihn? Wer sucht mit dir? Naser, was waren seine letzten Worte? Was geschah mit ihm in der Woche vor seinem Verschwinden? Naser, seit deinem Anruf laufe ich stumm durch die Welt. Jeder Versuch, mir begreiflich zu machen, dass der Bürgerkrieg Ali verschlungen hat, ist vergeblich. Gruß Usama.» Gesendet am 21. April 2006.

Ungeduldig warteten meine Frau und ich auf die Antwort aus dem Irak. Die Geschichte mit Ali hatte uns einander wieder nähergebracht, wir hatten keine gute Zeit hinter uns und in der letzten Zeit oft Streit gehabt.

Als ich eines Abends vom Flyerverteilen zurückkam, saß meine Frau auf dem Sofa, und überall auf dem Wohnzimmer- und Flurboden lag zerrissenes Papier. Sie erwiderte meinen Gruß nicht, sondern überfiel mich stattdessen mit der Frage: «Wer ist Yusra, und wo hast du sie kennengelernt?»

«Ich kenne keine Yusra.»

«Was heißt, du kennst sie nicht? Woher hat sie dann deine Adresse? Und wieso schreibt sie dir einen Brief? Da!»

Sie warf mir ein Blatt ins Gesicht und ging mit großen Schritten ins Schlafzimmer. Ich versuchte mich zu erinnern, aber ich fand keine Yusra. Ich hob das Blatt vom Boden auf und begann zu lesen:

«Mein lieber Usama, ein herzlicher Gruß!

Es war wirklich ein toller Abend! Ich habe mich riesig gefreut, dich kennengelernt zu haben. Wie du gelesen hast, hat mir sehr gefallen. Du gibst der Sprache eine Ausstrahlung. Es ist mir eine Ehre, mein Buch in deine Hände legen zu dürfen, und ich würde es sehr schätzen, wenn du es liest und mir eine Rückmeldung gibst. Mit Liebe und Respekt, Yusra, 5. April 2006.

P.S.: Ich schreibe dir das nächste Mal eine Mail und würde gerne eine kurze Geschichte, die ich zuletzt schrieb, anhängen. Herzlichen Dank.»

Oh mein Gott!, dachte ich und setzte mich auf das Sofa. Sollte das jetzt das Buch sein, das sie mir geschickt hatte? Der größte Fetzen, den ich finden konnte, war nicht größer als ein Händchen unseres Sohnes.

An die Yusra konnte ich mich noch immer nicht erinnern. Nach der Lesung hatte ich mit vielen Menschen aus dem Publikum gesprochen. War es die junge Palästinenserin, die in Luzern studierte? Ich suchte nach größeren Fetzen, um herauszufinden, was es überhaupt für ein Text war. Poesie? Ein Roman? Hilflos zog ich meine Schuhe aus und ging zu meiner Frau ins Schlafzimmer.

«Schatz, ich kenne diese Yusra nicht näher, ich kann mich nicht mal an sie erinnern. Vertraust du mir nicht? Ich bin genauso überrascht wie du. Glaub mir, ich habe nichts zu verbergen. Ich liebe dich über alles, und du bist die einzige Frau in meinem Leben! Und überhaupt: Hätte ich was mit ihr, würde sie mir dann nach Hause schreiben? Schatz, bitte übertreib nicht!»

«Aha. Kannst du mir sagen, warum dir eine fremde Frau ‹Mein lieber ...› und ‹Mit Liebe› schreibt?»

«Ich weiß es nicht. Vielleicht hat sie deutsch gedacht und arabisch geschrieben.»

«Aber auf Deutsch schreibt man normalerweise ‹Lieber Herr Nachname› und nicht ‹Lieber Usama›.»

«Ich habe keine Ahnung! Aber wir benutzen unseren Nachnamen ja selbst nicht im Alltag.»

Sie schwieg einen Moment. Als ich versuchte, mich ihr zu nähern, stand sie auf und fragte: «Hast du von ihr die Mail bekommen?»

«Nicht, dass ich wüsste, ich habe meine Mails seit über einer Woche nicht gecheckt.»

«Gut gemacht, und du kannst sie auch nicht mehr öffnen.»

«Was meinst du damit?»

«Ich habe dir eine neue Mailadresse mit neuem Passwort eingerichtet. Das alte Konto habe ich gelöscht.»

Sie verließ das Zimmer, kam mit einem Stück Papier wieder zurück und legte es auf meinen Nachttisch. Fassungslos betrachtete ich die Log-in-Daten zu meiner neuen Mailadresse. Dann sammelte sie die Papierfetzen ein und fragte mich, ob ich im Schlaf- oder Wohnzimmer schlafen wolle.

«Ist das nötig?», fragte ich sie.

«Sehr», antwortete sie wie aus einer Kalaschnikow geschossen.

«Ich schlafe im Wohnzimmer.»

Sie entgegnete nichts.

Inzwischen sind viele Jahre vergangen, und die Frage, ob Ali mir vor seinem Verschwinden noch eine Mail geschickt hatte, plagt meine Frau und mich noch immer. Immer wieder sage ich mir, dass er mir bestimmt etwas geschrieben hatte, was sein Schicksal erhellen würde. Wie viele Male habe ich versucht, mit Hilfe von Freunden an mein altes Mailkonto zu kommen. Auch bei Alis Konto haben wir es versucht, erfolglos.

Meine Frau öffnete alle Vorhänge, das Morgenlicht füllte den Raum. Beim Kaffee war unsere Verzweiflung mit

Händen greifbar. Zwei Stunden später kam die Mail von Naser.

«Lieber Bruder, am Montag, 10. April 2006 gegen 12.45 Uhr, ging Ali von zu Hause in Bagdad fort. Tante Selima bat ihn noch, nicht hinauszugehen. Alle Geschäfte und Lokale würden gleich schließen. Sie konnte ihn aber nicht überzeugen. Er habe ihr gesagt, er wolle nur kurz zur Uni gehen, um ein paar Bücher auszuleihen und Freunde zu treffen, damit er die nächsten drei Wochen etwas zu lesen habe zu Hause. Das war alles, was unsere Tante sagen konnte. Ja, sein Handy hatte er dabei. Tante Selima konnte ihn erreichen. Kurz vor 14.00 Uhr habe er ihr gesagt, dass er keinen seiner Freunde in der Uni angetroffen habe und sich auf den Weg nach Hause machen würde. Zwei Stunden später versuchten sie und ihr Sohn Heytham wieder, ihn telefonisch zu erreichen, doch leider ohne Erfolg. Das ist aber normal im Irak, manchmal funktioniert das Netz nicht, sogar tagelang, wenn es mehrere Explosionen an verschiedenen Orten gleichzeitig gibt. Um 21.00 Uhr erreichte mich Tante Selima und fragte mich mit zitternder Stimme, ob Ali zu uns in den Süden gekommen sei. Als ich verneinte, schrie sie, wo er denn geblieben sei. Ich entschied, unseren Eltern bis zum Morgen nichts davon zu erzählen. Gegen 03.00 Uhr in der Nacht zum 11. April erhielt ich eine SMS von Alis Nummer. Es waren nur drei Wörter: Dein Bruder Ali. Der Rest war verschwunden, was hier in letzter Zeit oft passiert. Wenn die Verbindung für eine Zeit verschwindet, aber wenig später wiederkommt, erhält man die SMS gar nicht oder nur einen Teil davon. Um 5.00 Uhr teilte ich Vater die Nachricht mit. Wir entschieden, dass wir dir nichts davon erzählen und ich sofort nach Bagdad fahre. In der großen Garage, wo die Autos, die vom Süden kommen, eintreffen, wartete Heytham auf mich. Seither sind wir zusammen auf der Suche nach Ali. Spitäler, Gefängnisse und Orte, wo man Infos über Verschwundene bekommen konnte, haben wir aufgeschrieben und die Liste abgearbeitet. Unsere Eltern sind auch nach Bagdad gekommen; sie dürfen aber nicht mit auf die Suche, da es in den Straßen Bagdads zu gefährlich ist. Du brauchst sehr viel Glück, um ein Taxi zu bekommen. Kein Strom, kein Wasser, und gegen 14.00 Uhr ist alles still. Jetzt ist es 11.00 Uhr, und es gab schon neun Autoexplosionen in der Stadt. Ich schreibe dir aus einem Reisebüro im Zentrum. Ich bat eine Angestellte darum, das Internet benutzen zu dürfen, sie gab mir eine halbe Stunde. Usama, wir glauben, dass Ali von den Milizen oder einem kriminellen Verband entführt wurde. Wir hoffen, dass uns jemand anruft und Geld verlangt. Das ist in Bagdad Alltag. Jetzt muss ich das Büro verlassen, die Angestellte gibt mir ein Zeichen, dass ihr Chef da ist. Lass uns einander mailen, die telefonische Verbindung ist sehr schlecht geworden. Ich melde mich nochmals, Naser.» Gesendet am 23. April 2006.

Ohne zu überlegen, klickte ich auf «Antworten».

«Lieber Naser, danke. Ja, wir schreiben uns, aber ich versuche trotzdem, dich anzurufen. Ich bitte dich, dein

Handy immer dabeizuhaben. Naser, ich verstehe nicht, was du damit meinst, dass der SMS-Text verschwunden ist. Warum sind denn diese drei Wörter angekommen? Wie hat Ali die letzten Tage vor seinem Verschwinden verbracht? War etwas auffällig? Ich versuche, dich heute Abend um 20.00 Uhr Ortszeit zu erreichen. Gib mir bitte die Telefonnummer von Selima und Heytham. Gruß Usama.» Gesendet am 23. April 2006.

Ich verließ das Haus, und mir wurde bewusst, dass sich mit Alis Verschwinden mein Leben verändert hatte. Nächtelang quält mich seither die Frage: Habe ich Ali im Stich gelassen?

Warum habe ich es nicht geschafft, Geld für Ali zu besorgen? Ich rief damals einen guten Freund an, und wir trafen uns am Zürcher Hauptbahnhof. Aber die Bitte kam nicht über meine Lippen. Ich habe mich geschämt, nach Geld zu fragen. Er merkte, dass mich etwas bedrückte, und bot mir seine Hilfe an, falls ich etwas brauchen würde. Ich getraute mich aber nicht zu sagen, dass ich Geld für meinen Bruder im Irak benötigte. Bilal reagierte bloß mit einem irakischen Sprichwort: Eine Hand allein kann nicht klatschen. Jetzt bereue ich es zutiefst, dass ich diesen Schritt nicht gemacht habe. Auch von Delschad bekam ich mein Geld nie. Nach Dutzenden von Anrufen gab ich es auf, meinen Lohn einzufordern. All die vielen Arbeitsstunden hatte ich umsonst aufgeschrieben.

Dass Ali einfach verschwand, erschütterte mich, mit

der Ungewissheit konnte ich schwer umgehen. Auch dass die Hoffnung, von ihm eine Spur zu finden, von Tag zu Tag abnahm, raubte meiner Seele jegliche Kraft. Ich fühlte mich wie in ewigen Gezeiten, mit jeder Flut erlebte ich das Ertrinken neu.

«Es ist Frühling, mach doch einen langen Spaziergang», hatte mir meine Frau geraten. Die Flucht in die Natur ist meine zweite, nach der Flucht aus dem Irak. Sie hilft mir, in der Bahn zu bleiben.

Ich machte mich auf den Weg nach Weinfelden. Bei meinem ersten Gang auf diesem Wanderweg fielen mir im dichten Wald umgestürzte Eschen auf. Die abgebrochenen dicken Äste erinnerten mich an die großen Tafeln, die wir als Schüler der Sekundarschule tragen mussten. Ihr Holz war hart und schwer, und die Tafeln waren spitz wie Speere. Es standen Dinge darauf wie «Saddam, unser Vater und Führer», «Saddam, der Held des Krieges und Friedens», «Saddam, der Retter der Araber», «Saddam, der wahre Sohn des Volkes». Wir mussten seine Bilder über unsere erniedrigten Leben erheben.

Auch zwang der Schulleiter die ganze Schülerschaft immer wieder, sich entlang der Hauptstraße aufzustellen, um die Soldaten zu grüßen. Schweigend starrten sie uns an, hin und wieder hob einer die Hand, um zurückzuwinken. Die Bewegungen waren kalt und langsam, und mit ihren Helmen sahen sie aus der Ferne aus wie Schildkröten.

Ich war im ersten Jahr der Sekundarschule, als Ali am

11. Juli 1983 zur Welt kam. Als die Wehen kamen, schickte mich meine Mutter zu unserem Nachbarn Schaich Taleb, um seinen Gürtel zu holen. Er war Teeverkäufer auf dem Markt der Stadt und einer der Männer, die einen schwarzen Turban trugen. Er sprach nicht viel, mischte sich in keine Angelegenheiten ein, obwohl er ein kleines Café besaß, in das viele Leute kamen. Für viele war Taleb ein Rätsel, er war schwer einzuschätzen, und sie hätten gerne gewusst, ob er für das Regime war oder dagegen. Gleichzeitig waren viele Familien im Quartier davon überzeugt, dass Taleb ein gesegneter Mann war. Frauen, bei denen Schwierigkeiten während der Geburt auftauchten, ließen sich seinen Gürtel bringen, sie hielten ihn fest und glaubten, dieser mache die Geburt leichter.

Es war Abend, ich rannte durch die Straßen, um an Talebs Türe zu klopfen. «Meine Mutter grüßt euch und sagt, sie bräuchte den Gürtel», sagte ich zu seiner Frau, als sie die Türe öffnete. Unsere Beziehung zu den Nachbarn im Quartier war so eng, dass wir uns fast wie eine Familie fühlten. Ich fürchtete sogar die Eltern der Nachbarskinder ebenso sehr wie meine eigenen, wenn ich mich auf der Straße falsch verhielt.

Als meine Mutter den Gürtel anlegte, sprach sie ein Gebet. Ihr Gesicht war mittlerweile so bleich, dass sie sich an die Wand stützte, während meine Großmutter und zwei meiner Tanten das Zimmer vorbereiteten und auf die einheimische Hebamme warteten, auf eine alte Frau, die fast dem ganzen Viertel auf die Welt verholfen hatte. Meine Großmutter meinte, dass diese Hebamme alle Namen der Kinder unseres Quartiers auswendig kannte, und in der Stadt nannte man sie «unsere Großmutter». Sie war klein, dünn, trug eine Brille, und ihre Handgelenke waren mit exotischen Steinarmbändern geschmückt, wobei jedes Steinchen mit Buchstaben beschrieben war. Auf ihren Handrücken waren Muster eintätowiert, die wie altarabische Schriften aussahen, und ihre Handflächen waren rot von Henna.

Mein Vater stand im Wohnzimmer, er redete mit meiner Mutter, während er seine Klamotten in eine schwarze Ledertasche stopfte. Er hatte diese Tasche geliebt und geglaubt, dass sie ihm Glück bringen würde, wenn er mit ihr an die Front ging. Er wusste ja bei einem Fronturlaub nicht, ob es sein letzter war.

Wie oft hatte meine Mutter seine Rückkehr sorgfältig vorbereitet, obwohl er stets deprimiert und still zurückkehrte. Er redete kaum und ging auch nicht darauf ein, wenn meine Mutter von der Situation zu Hause erzählte. Mit dem wenigen Geld und vier Kindern war es schwierig. Und so endete der erste Abend oft im Streit.

Mein Vater hielt ihren Gehorsam für selbstverständlich, und jede Nähe zu ihr galt ihm als Machtpreisgabe. Nicht nur meine Mutter, wir alle hatten es nicht leicht mit ihm. Sie hatte zu schweigen, wenn es um mehr als den Haushalt ging. Sie gewöhnte sich an seine Arroganz. Ich erinnere mich aber, wie sie einmal ihn zu verlassen beschloss und dann auf die bittere Erkenntnis stieß, dass sie nicht allein mit ihren Kindern in ihr

Elternhaus zurückkehren konnte. Sie kam enttäuscht zu ihm zurück, sie war nicht willkommen in ihrem Elternhaus, was mir damals rätselhaft war. Meinen Großeltern war sehr wohl bewusst, dass das Verhalten meines Vaters unerträglich war. Doch was konnten sie dagegen tun? Ihr Halt war der Glaube an Allah und das Schicksal. «Wem der Glaube an Allah fehlt, der kann nur scheitern», pflegte mein Großvater zu sagen. Eine Trennung war ausgeschlossen, und gegen ihren Mann zu sein war sinnlos und hätte bedeutet, gegen die Ordnung der Gesellschaft zu sein. Meine Mutter lernte dafür, wie sie ihn ärgern konnte. Mit Worten, und manchmal machte sie sich hübsch, aber nicht für ihn, sondern gegen ihn.

«Und was sagst du jetzt?», fragte er sie.

«Wozu soll ich etwas sagen? Ich bin am Gebären! Du sollst hierbleiben!», schrie meine Mutter, während mein Vater seine Sachen in die Tasche stopfte. Sie trug ein schwarzes irakisches Kleid, die *gelabya,* und genau über ihrem Kopf hing ein Vers aus dem Koran an der Wand, den sie besonders liebte, weil sie dachte, dass dieser Vers das Haus vor bösen Augen schützen würde.

«Ich kann nicht bleiben. Du weißt ganz genau, was die Folgen wären, willst du mich hingerichtet sehen?», sagte er, ohne sie anzusehen. «Ich glaube nicht, dass du das Kind heute Nacht bekommst. Du hast diese Wehen seit drei Tagen. Ich hätte sehr gerne gewusst, ob es ein Junge oder ein Mädchen wird, bevor ich meinen Dienst antrete.»

«Du machst mich trauriger, als ich ohnehin schon bin. Ist das alles, was dich interessiert? Junge oder Mädchen?»

Er gab keine Antwort, stattdessen steckte er seinen Rasierapparat in die Seitentasche und begann, seine dicken Socken zu suchen, die er in Dohuk gekauft hatte. In den Bergen würde es in der Nacht kalt werden.

«Da, in der untersten Schublade vor dir – ich habe sie gestern noch gewaschen.» Er nahm die Socken und verstaute sie in seiner Tasche, legte ein bisschen Geld auf die Kommode und ging aus dem Schlafzimmer. Bevor er das Haus durch die Hintertür verließ, rief er mich zu sich. «Pass auf deine Geschwister auf. Ich weiß, du bist noch jung, aber ich hoffe, dass ich mich auf dich verlassen kann», sagte er und machte sich mit großen Schritten auf den Weg. Meine Großmutter konnte es nicht glauben, dass er einfach so von zu Hause wegging.

Meine Mutter hatte ihre nächsten Wehen, und als die Hebamme endlich eintraf, hörten wir drei Kinder unsere Mutter noch lauter aus dem Schlafzimmer schreien.

Kurz vor der Dämmerung erblickte Ali das Licht der Welt. «Ein Junge, ein glückliches Kind», sagte Großmutter stolz. «Er wollte aber den Mutterleib einfach nicht verlassen», fügte sie hinzu. Meine Mutter umarmte uns und weinte. Ich merkte aber, dass es Freudentränen waren und sie tief in ihrer Seele glücklich war. Alis Geburt war wie ein kleiner Lichtpunkt, der zeigte, wie vollständig die Dunkelheit in der Familie war. Jahre später fragte ich meine Mutter, ob es wirklich wahr sei, was meine

Großmutter damals gesagt hat, dass Ali den Mutterleib nicht habe verlassen wollen.

«Ja, ich hatte das Gefühl, die Hebamme habe ihn aus mir herausgerissen, weil er sich festhielt. Er wollte nicht heraus, und als er zur Welt kam, war sein Gesicht schwarz.»

Am Morgen empfand ich den Wald als besonders schön. Ich war ein gutes Stück gewandert und fühlte mich ein bisschen müde. Ich setzte mich auf den Boden und packte mein Picknick aus: ein Sandwich, belegt mit Aubergine, Käse und Zwiebeln. Ich erinnerte mich an einen Morgen, an dem ich mit einem guten Freund zusammen frühstückte. Er wohnte in Olten und arbeitete als Musiklehrer, er kochte gerne, und seine Finger habe ich selten still gesehen. Die Nacht verbrachten wir mit Diskussionen über den Westen und den Osten, und wir haben viel gelacht. Am Morgen machte er sich eine Schüssel Müesli zum Frühstück, und ich briet für mich einen Teller gekochter Saubohnen, zwei Spiegeleier, Frühlingszwiebeln mit scharfem Gewürz und Fladenbrot. Mein Freund lachte und meinte: «Siehst du! Das ist der Unterschied!»

Ein Tauchgang in den Wald hilft mir immer wieder, die Vergangenheit ruhen zu lassen und an einen neuen Anfang zu denken. Neige dich und schwanke, sei wie die Bäume im Wind, verhalte dich wie ein Baum und lass alles fließen, denn alles wird vergehen. Auch das, womit du dich jetzt beschäftigst, ist vergänglich, sagte ich mir und betrachtete die Knospen an den Zweigen.

Der Wald ist und bleibt mein einziges Labor, in dem alle meine Experimente gelingen. Ich streue meine Buchstaben, meine Worte, meine Sprache über die Blätter und zwischen die Äste. Im Wald schaffe ich es, mir selbst zuzuhören. Der Wald ist mein einziger Tempel, in dem ich mich leichter fühle. Ich spüre, wie meine Seele sich reinigt und wie ich ein neues Herz erhalte.

Alle meine Versuche, Naser zu erreichen, scheiterten, schreiben mochte ich nicht. Was sollte ich ihm sagen?

Zwei Wochen später erhielt ich eine E-Mail von ihm:

«Lieber Usama, entschuldige, dass ich dir so spät antworte. Die gesamte Verbindung mit dem Internet war in der letzten Zeit lahmgelegt. In deinem letzten Schreiben fragtest du mich, wie sich Ali vor seinem Verschwinden verhalten hat und ob etwas auffällig war. Er war ganz normal, und niemand von uns hat gespürt, dass er sich Sorgen machte. Bei seinem letzten Besuch im Süden ging er mit unserer Mutter zum Augenarzt. Er machte Witze über ihre neue Brille mit den dicken Gläsern. Am Abend kochten wir zusammen sein Lieblingsessen: Biryani – scharfen Reis mit Gemüse. Was die unvollständige SMS betrifft, ist das ein ganz normaler Vorgang hier. Den technischen Grund weiß ich natürlich nicht, ich sage dir nur, dass das hier zur Routine geworden ist, dass man nur zwei Worte einer langen SMS erhält.

Während des Bürgerkriegs in Bagdad hat sich eine neue Regel etabliert. Wenn jemand verschwunden ist, sind die ersten zwei Wochen nach dem Verschwinden entscheidend. In dieser Zeitspanne finden die Suchenden entweder die Leiche, oder man erhält einen Anruf, um über ein Lösegeld zu verhandeln. Wenn keine der beiden Varianten eintrifft, bedeutet dies, dass die Leiche in irgendeinem Massengrab gelandet ist, wo ein Fund nur mit großem Glück möglich ist. Das ist genau das, was ich momentan über Alis Verschwinden vermute.

Unterdessen habe ich alle seine Freunde gefragt, auch seinen Coiffeur, den Bäcker, in einer Buchhandlung und im Sprachinstitut, wo er einmal als Übersetzer tätig war, ob sie etwas wüssten. Niemand hat etwas bemerkt.

Mein Lieber, die Stimmung zu Hause ist sehr angespannt. Sie ähnelt den Wochen nach deiner Flucht aus dem Irak. Es klingt vielleicht taktlos, wenn ich dir sage, dass zuerst deine Flucht und dann die Ungewissheit über Ali die Verbitterung in der Familie vertieft haben.

Die Tage hier sind nicht wie die gewöhnlichen Tage im Kalender, die Zeit vergeht zäh, und mit jedem Tag nimmt die Hoffnung ab, dass Ali zurückkehrt, als wäre er nur kurz weggegangen. Ich übe mich trotzdem darin, positiv zu bleiben und Luft zu atmen statt den Rauch, der das ganze Land einhüllt.

Lieber Bruder, unsere Großmutter hat einmal gesagt: ‹Der Bauer kann nie alle Früchte eines Feigenbaumes ernten, es muss ein Teil davon verschwinden. Um die Ernte zu genießen, muss man *kismet al kadar,* das Schicksal, akzeptieren.› Weißt du, diese Ungewissheit scheint wie das Schicksal der Familie, und wir müssen es irgendwie einordnen.

In zwei Tagen reise ich in den Süden. Die Suche hat mich psychisch erschöpft, und ich muss mich unbedingt an das Ufer des Al Garaf setzen und Steine hineinwerfen. Liebe Grüße dir und deiner Familie, Naser.» 19. August 2006.

Herbst 2006, nach einer nebligen Woche schien die Sonne. Mein Beschäftigungsprogramm mit den Einsätzen in den Wäldern des Thurgaus, das ich seit Juni machte, gefiel mir immer mehr. Unser Förster wirkte überaus schweizerisch, ein gebürtiger Thurgauer, der Mitte fünfzig war und die Schweiz nie verlassen hatte. Er hatte ein gutes Herz und einen schrecklichen Dialekt. Während der Znünipause brachte er uns manchmal Sachen von zu Hause mit, und wenn er dann mit seinem Schweizerdeutsch loslegte, vergewaltigte er die deutsche Sprache in jeder Hinsicht. Ich habe ihn nicht immer verstanden, aber ihm trotzdem gerne zugehört. Am Anfang dachte ich, er spinnt, weil er beim Reden den ganzen Mund betätigte, als ob er die Worte kaute, statt sie auszusprechen. Mit der Zeit gewöhnte ich mich daran. Ich betrachtete seine Handflächen, seine Finger, er war stark wie ein Baum und behandelte die Bäume so wertschätzend wie die Menschen.

Ich war nicht der einzige Ausländer in diesem Programm, es gab noch einen Mann aus Algerien, Sufian hieß er. Das Erste, was Sufian machte, nachdem er den Schweizerpass erhalten hatte, war, nach Oran in Algerien zu verreisen, um sich eine Frau zu suchen und ein

Kilo Honig zu kaufen. Kein Honig der Welt sei besser als jener. In seiner Kultur ist es Brauch, vor der Hochzeitsnacht Honig zu essen, damit man einen Sohn zeuge.

Der zweite Ausländer war aus Deutschland. Ob er als fremd galt, weiß ich nicht. Jedenfalls bestand seine Leidenschaft darin, Gesichter zu zeichnen, und er nutzte jede freie Sekunde, um dies zu tun. Der Rest bestand aus Schweizern.

Im Wald war der Herbst wie ein Abbild des Paradieses, vor allem, wenn die Sonne schien. Das Sonnenlicht ließ die Bäume und den Boden voller Farben leuchten. Meine Aufgabe an diesem Tag war, die Zäune rund um die Baumstämme abzumontieren, weil die Bäume nun groß genug waren und keine Gefahr mehr bestand, dass sie vom Wild beschädigt wurden. Ich machte das gerne und versuchte, den Zaun sorgfältig zu entfernen, ohne den Baum dabei zu beschädigen. Ich war alleine. Hin und wieder löste sich meine Angst. Ich flüsterte einem Baumstamm zu: «Kann ich dir etwas anvertrauen? Ich vermisse meinen Bruder Ali. Ich habe Schuldgefühle, und außer der Traurigkeit hat nichts bei mir Fortschritte gemacht. Meine Verzweiflung kann ich nicht immer verschleiern. Sie umfängt mich, meine Sprache. Sie bringt mich manchmal aus dem Gleichgewicht. Wie machst du das, Eibe, dass du immer grün und stabil bleibst?»

Ich war in einem Wald zwischen Amriswil und Romanshorn. Ich weiß nicht mehr, wie der Ort genau hieß. Die meisten Bäume waren vollkommen nackt, und die Sonne schien zwischen den Ästen hindurch und machte das Laub zum strahlenden Meer. Das Geräusch meiner Schritte beruhigte mich, und je näher ich dem Baum kam, desto mehr vergrößerte sich der Abstand zwischen mir und meiner Angst.

Mit jedem Tag im Wald lernte ich etwas Neues. Ich hatte nicht gewusst, dass die Bäume ein Gedächtnis haben. Sie vergessen nicht, welches Jahr reich und welches arm an Regenwasser war. Ich lernte auch, dass die nebeneinanderstehenden Bäume einander über ihre Wurzeln helfen. Jeder Baum ist ein Teil der Stärke des anderen, und bei zwei Bäumen, die gut miteinander befreundet sind, verfangen sich ihre Äste nicht ineinander. Der Förster sagte einmal: «Gut befreundete Bäume sterben manchmal zusammen, weil ihre Wurzeln miteinander verbunden sind.»

Durch diese Arbeit hatte ich die schönsten Wanderwege im Thurgau entdeckt. Einer davon, den ich immer wieder gehe, ist der von Sommeri über den Weiler Hefenhofen, Sonnenberg und durch den Güttingerwald nach Sommeri zurück. Auf diesem Weg hatte ich mir eine Eiche ausgesucht, eine alte, die an einem Kreuzweg stand. «Ich habe dich gefunden», sagte ich zu ihrem Stamm. «Würdest du ein Vermittler zwischen mir und einer anderen Person sein?»

Eichen heißen auf Arabisch *sendyan,* und ein arabisches Sprichwort besagt, dass, wer in der Nähe einer *sendyan* lebt, keine offenen Wunden haben soll. Jedes Mal, wenn ich diesen Weg ging, sprach ich mit diesem Baum. Einmal sagte ich zu ihm: «Unsere Verwandten im Irak haben sich zurückgezogen, niemand fragt meine Familie, wie es ihr geht und ob es etwas Neues von der Suche nach Ali gibt. Es ist ein bisschen traurig, wenn Menschen sich nicht dafür interessieren, was die anderen bekümmert. Findest du das auch? Kannst du dir vorstellen, dass ein Fremder wie ich dich als Verwandten empfindet?»

Es gab Verschwundene, die von Milizen entführt wurden und in irgendeinem Gefängnis landeten. Naser hatte mir einmal gesagt, dass viele junge Menschen unter der Erde gefangen gehalten würden, monatelang, ohne gefragt zu werden, wie sie hießen. Manche wurden gefoltert, um Taten zu gestehen, die sie nicht begangen hatten. Sunniten hatten Gefängnisse für Schiiten und Schiiten solche für Sunniten. Einmal hatte jemand wie durch ein Wunder aus einem dieser Gefängnisse fliehen können und der Presse mitgeteilt, dass man ihn vor die Wahl gestellt hatte, auf welche Art er gefoltert werden wolle. In einem demokratischen Land dürfe man wählen, hätten sie lachend gesagt. In Bagdad konnte man ohne weiteres in einem Gefängnis landen und ermordet werden. Androhungen sexueller Gewalt waren ganz normal innerhalb dieser Wände, auch in den sogenannten offiziellen irakischen Haftanstalten. Viele Menschen waren im Zentralgefängnis Abu-Ghraib zu Tode gefoltert worden, und ihre Leichen wurden nie gefunden.

Der Eichenbaum war für mich wie ein riesiger Spiegel, in dem ich mich klar sehen konnte. Durch Gespräche, Nähe und Distanz zu seinem Stamm wurde mir klar, was ich mit dem Stück, das Ali in meinem Herzen besetzte, machen sollte. Die Gespräche haben Erleichterung verschafft und mich mir selbst näher gebracht. Ich wünschte mir sogar, dass meine Seele in diesen Baum schlüpfte. Wie oft richtete ich meinen Blick auf seine Krone in Richtung Himmel und erzählte ihm Bruchstücke des Familienleidens seit Alis Verschwinden, aber auch von der Suche, die mein Bruder Naser betrieb und von der er nie wusste, in welcher Richtung er sie weiterführen sollte.

Der Baum des Todes

An einem Freitagabend mitten im Juni 2007 war ich mit meiner Frau und meinem Sohn am Bodensee, und das Wetter war herrlich.

«Die Schiffe, die vom anderen Ufer kommen: Hupen sie dreimal, wenn sie ankommen oder wenn sie wieder wegfahren?», fragte mich meine Frau.

Wir begannen das Kommen und Gehen der Schiffe zu beobachteten. Die meisten Passagiere waren älter, Rentner, die viel Zeit hatten zu reisen. Meine Frau lachte, als ich sagte, dass die Rentner und Rentnerinnen im Irak keine andere Beschäftigung hätten, als sich zu streiten oder ihre Kinder anzuschreien. «Sie laufen zu Hause herum und löschen alle Lampen aus, die ihre Enkelkinder anzünden. Keine Ahnung, woran das liegt, wieso mögen sie brennende Lampen nicht? Unser alter Nachbar im Irak ging jeden Morgen aus dem Haus, nur um den Kindern das Spielen im Garten des Quartiers zu verbieten. Er schnitt ihnen den Weg ab und schimpfte sie aus, bis irgendwann der Vater eines Kindes in Uniform zu ihm ging und ihm etwas androhte, was er nie vergessen würde. Danach saß der alte Mann nur noch vor seinem Haus und starrte mit verbittertem und ernstem Gesicht auf die Straße, die er nicht mehr zu überqueren wagte.»

«Aber kennst du den alten Mann, unseren Nachbarn, in Frauenfeld?», fragte mich meine Frau, «er sitzt fast immer vor der Bushaltestelle und beobachtet die ein- und aussteigenden Leute.»

«Ja, ich habe ihn auch schon gesehen», antwortete ich. «Mir ist aufgefallen, wie er die fremd aussehenden Menschen besonders ausgiebig anstarrt. Kürzlich saß er auf dem Boden und beobachtete aufmerksam und geduldig die kleinen Pflanzen, die den Weg durch den Asphalt gefunden hatten. Dann ging er zur großen Baustelle neben unserem Haus, stellte sich davor und blickte in die Baugrube. Ich habe ihn gegrüßt, aber er reagierte nicht. Vielleicht war ich ihm mit meiner Begrüßung zu nahegetreten?»

«Wieso zu nahe? Hörst du dein Telefon nicht klingeln?», fragte mich meine Frau.

«Ah, es ist Naser», sagte ich und nahm den Anruf entgegen.

«Bist du zu Hause?», fragte mein Bruder, ohne zu grüßen.

«Nein, bin ich nicht. Was ist los?»

«Ich will dir per E-Mail ein Foto schicken, und du sollst es dir gleich ansehen!»

«Foto, welches Foto?»

«Es ist ein Foto von jungen Männern, die zur gleichen Zeit in Bagdad getötet wurden.» Ich hörte sein Seufzen und wartete ungeduldig, bis er weiterfuhr. «Ich vermute, dass unser Bruder Ali einer davon ist. Kannst du dir das Foto anschauen und deine Meinung dazu sagen?»

«Ja, ich gehe sofort nach Hause, doch das dauert. Bist du in Bagdad?»

«In der Nähe. Auf einem Friedhof.»

«Friedhof?»

«Ja, ein Friedhof für die nicht identifizierten Opfer. Auf diesem Friedhof gibt es ein kleines Büro mit einem Laptop, auf dem die Bilder von den Toten sind, die hier bestattet wurden. Das Foto, das ich dir schicke, zeigt sieben Personen. Ich sage dir nicht, welche ich für Ali halte. Wenn wir zum selben Schluss kommen, ist es wohl tatsächlich unser Bruder.»

«Ich brauche über eine Stunde, bis ich zu Hause bin», sagte ich zu Naser.

«Gibt es kein Internetcafé bei dir in der Nähe? Ich kann nicht eine Stunde auf diesem Friedhof warten. Die Straße zurück nach Bagdad wird ab dem frühen Abend von der Al Qaida und anderen Milizen besetzt.»

«Also, kannst du eine Viertelstunde warten? Ich versuche, dich zurückzurufen. Falls ich dich nicht erreiche oder du nichts mehr von mir hörst, dann kehre bitte nach Bagdad zurück.»

«Gut, eine Viertelstunde ab jetzt.»

Während ich telefonierte, begann meine Frau unseren Sohn zu stillen. Sie saß auf einer Parkbank vor dem Hafen und schaute schweigend, wie die Schiffe ein- und ausfuhren. Ich betrachtete sie während des ganzen Gesprächs, ab und zu streichelte sie zärtlich über sein Gesicht und lachte ihn an, während seine Haare in der Sonne glänzten. Die Szene erinnerte mich daran, wie meine Mutter Ali in unserem Garten gestillt hatte. Wie oft kam ich am Nachmittag von der Schule nach Hause und fand sie unter der Dattelpalme, wo sie meinen Bruder stillte. Die Palme hatte Großvater gepflanzt. Er sprach mit ihr und war stolz, dass sie so gut wuchs und immer schöne Datteln trug. «Eine Familie wird nur halb satt ohne Dattelpalme im Garten», soll der Prophet Mohammed gesagt haben.

«Kurz vor seinem Tod hängte euer Urgroßvater sein Testament an einen der beliebten Dattelbäume auf seinem Land. Er wollte, dass wir ihm die Palmblätter in sein Grab legten, da er glaubte, dieser Baum mache den Tod leichter und schütze seine Leiche vor Tieren», erzählte Großvater und sagte: «Es gibt Stämme, die entziehen der Seele die Traurigkeit und schützen sie vor Alterung.»

Großvaters Dattelbaum steht noch immer in unserem Garten im Irak. Doch der große Schatten, den die Palme wirft, erinnert nun an die Abwesenheit Alis.

Ich fand kein Internetcafé auf dem Hafengelände und erreichte auch meinen Bruder nicht mehr. Ich bekam immer dieselbe elektronische Stimme zu hören, die mir mitteilte, dass die Telefonnummer außer Betrieb sei. Im Zug nach Frauenfeld herrschte eine drückende Stille zwischen mir und meiner Frau. Sie verstand, ohne viel zu fragen. Ich war verzweifelt und konnte mir nicht vorstellen, dass je wieder Freude in mein Leben käme. Nie hätte ich gedacht, dass ich mir auf der Suche nach Ali ein Foto von sieben toten jungen Männern, die brutal gefoltert wurden und halb nackt nebeneinanderlagen, anschauen müsste.

Ich dachte an die irakischen Friedhöfe und dass es schien, als wollten sie auch im Tod noch das Chaos der Gesellschaft abbilden. In der Sommerhitze fuhr ich einmal mit Mutter zu unserem Friedhof in Nadschaf. Wir Schiiten bestatten unsere Verstorbenen auf einem riesigen Friedhof namens «Tal des Friedens» neben dem Grab von Imam Ali Ibn Abi Taleb, dem Cousin und Schwiegersohn des Propheten Mohammed. Wir wollten das Grab meiner Großmutter besuchen, sie war im Winter 1993 in Al Nassirija gestorben. An einem sonnigen Nachmittag lachte sie ein letztes Mal, dann ging sie, ohne zuvor die Augen zu schließen. An ihrem Grab erinnerte ich mich an den Geruch des Sidarholzes, den ich jedes Mal beim Betreten ihres Hauses wahrgenommen hatte.

Das Grab war schwer zugänglich, und es dauerte lange, bis wir es überhaupt gefunden hatten. Meine Mutter zündete Weihrauch an und sprach schnell ein *yasin,* das Totengebet. Ich kriege Erstickungsgefühle, wenn ich nur schon an diesen Friedhof zurückdenke. Als ich in die Schweiz kam, staunte ich, wie ordentlich, grün und gepflegt ein Friedhof aussehen kann. Wie endgültig der Tod auch ist, die Blumen geben dem Grab etwas Lebendiges.

Am Abend erreichte ich Naser wieder. «Ich halte keinen der Toten auf dem Foto für Ali», sagte ich ihm.

«Ich auch nicht, ich wollte nur sicher sein. Es tut mir leid», antwortete er.

Es war, als wären unsere Worte in Asche gesunken, das kurze Gespräch ließ in meiner Seele ein Gewebe des Grauens zurück.

In diesem Abschnitt meines Lebens hat mich nichts so sehr getröstet wie die Natur. Diese Erfahrung habe ich erst in der Schweiz gemacht, im Irak war die Natur für mich nicht mehr als ein Fach in der Schule. Und die meisten Lehrer, welche dieses Fach lehrten, waren noch nie in einem Wald oder auf einem Berg gewesen. Dies jedenfalls sagte unser Geografielehrer, als ihn ein Schüler fragte, ob er je einen Wald gesehen hätte. Der Himmel und die Flüsse waren die einzigen Naturspektakel, die mich faszinierten. Im Sommer übernachteten wir jeweils auf den flachen Dächern unserer Häuser, das Gesicht den Himmelskörpern zugewandt.

Ich fragte meine Frau, ob sie am nächsten Tag mit mir wandern gehen möchte.

«Nein, hast du vergessen, dass ich zur Verlobung einer Irakerin eingeladen bin? Es ist ein Frauenfest, ganz stressfrei», sagte sie lachend.

Die Einladung hatte ich nicht vergessen, ich wollte bloß den Wunsch, alleine zu sein, für mich behalten.

Ich brach auf nach Stein am Rhein und tauchte in einen Wald ein. In seinem Schatten begann ich bald, laut für mich zu reden, Worte zu sagen, die ich eigentlich hasste. Arabisch war für mich die Sprache der Poesie und der Kalligrafie, sie war aber auch zur Sprache des Krieges, der Gewalt, des Verschwindens und der Lüge geworden. Wie oft hörte ich ganz genau zu, wie die

Schweizer miteinander redeten oder diskutierten, und bemerkte schnell, dass sie keinen Krieg gehabt hatten.

Als ich das Wort *haarb* – Krieg – sagte, regte sich der Wind, und Blätter fielen herunter. Das Echo kam gedämpft aus dem Wald, wie die Stimme meines Inneren. «Bäume lügen nicht», sagte meine Großmutter einmal.

Ich lief weiter und sprach das arabische Wort für «verschwunden» aus – *mafqud*. Da tauchte eine Frau auf, die mit ihrem Hund spazieren ging. Sie blickte mich an, als ob sie über alles Bescheid wisse. Was dachte sie über mich? Wir grüßten uns wie normale Wanderer. Ich erinnere mich, dass ich fast immer mit mir selbst sprach in dieser Zeit der Suche nach Ali.

Anfang 2007 war ich einer offiziellen Einladung des internationalen Autorenverbandes P.E.N. nach Syrien gefolgt. Es waren kulturschaffende Iraker aus dem Irak und aus dem Exil eingeladen, Ziel war die Gründung eines P.E.N.-Ablegers im Irak. Eine Schweizer Freundin, die bei einer großen Zeitung in Zürich arbeitete, hatte mir geholfen, das Gesuch für eine Bewilligung zur Auslandsreise einzureichen. Mit meiner F-Bewilligung war das die einzige Möglichkeit, die Schweiz zu verlassen.

Mein Bruder Naser kam mich in Damaskus besuchen, und wir konnten während einiger Tage viel Zeit zusammen verbringen. Wir saßen im Esssaal unseres Hotels, es tat gut, sich Auge in Auge gegenüberzusitzen, und es tat ihm gut, ausführlich von den grausamen Details seiner Suche nach Ali zu erzählen.

«Im Leichenschauhaus drängen sich die Leute, die ihre verschwundenen Angehörigen suchen», erzählte er. «Es ist ein großer Saal in der gerichtsmedizinischen Abteilung des Spitals von Bagdad. Er nimmt mittlerweile einen großen Teil der Gerichtsmedizin in Anspruch, und es gibt dennoch immer zu wenig Stühle, viele sitzen auf dem Boden. Alle starren auf eine große Leinwand, auf der die Bilder der zivilen Opfer des Bürgerkriegs gezeigt werden, in der Hoffnung, Sohn, Tochter, Bruder, Schwester, Ehefrau, Ehemann, Mutter oder Vater nicht zu sehen. Einige kommen frühmorgens und besetzen die besten Plätze. Sie vermissen niemanden, aber nach Stunden, wenn im Saal kein Platz mehr frei ist, verkaufen sie den ihren teuer an besorgte Angehörige.

«Musstest du jemals einen Platz kaufen?», fragte ich Naser.

«Nein, ich war immer vor acht im Saal, also mindestens eine halbe Stunde vor Beginn. Sechs Monate lang bin ich mindestens zweimal im Monat hingegangen. Es ist wie eine Theatervorstellung. Eine findet morgens statt, die Wiederholung nachmittags, täglich außer am Freitag. Jeder Leiche werden drei Bilder gewährt, auch wenn nur der Kopf geblieben ist. Eine Aufnahme im Profil von rechts, eine von links, ein Porträt. Bei Opfern ohne Kopf wurden Bilder von verschiedenen Erkennungsmerkmalen gemacht. Jedes Bild war mit einer Nummer versehen. Glaubt man, den Gesuchten zu sehen, muss man sich die Nummer aufschreiben und nach der Veranstaltung dem Leiter geben. Nach Mittag wird man dann von zwei Angestellten in den Kühlraum begleitet.

Manchmal entsteht im Spital ein Chaos, militärisch Gekleidete tauchen auf, bewaffnete Zivilisten und Menschen mit Turbanen rennen wild durcheinander und sprechen in große, schwarze Apparate, die an Funkgeräte erinnern. Sie öffnen Türen und schauen in die Zimmer, wo sich Verletzte auf den meist schmutzigen Betten erholen.»

Während Naser erzählte, schweifte mein Blick zu den Fotos, die er mir von zu Hause mitgebracht hatte. Zuoberst lag ein Bild der Mutter in der Küche, in der sie Familienbilder an die Wand gehängt hatte. Eines zeigte mich in dicker Winterkleidung vor den mächtigen Alpen in der Schweiz. Dieses Bild habe ich meinen Eltern Ende 2004 zukommen lassen. Meine Frau hatte es geschossen, als ich das erste Mal auf einen Berg stieg. Ich blickte stolz in die Kamera. Wir waren im Wallis, in der Nähe von Fiesch, und ich war überwältigt von all dem Weiß, dem glitzernden Schnee und den unberührten Bergen. Ich gab das Bild einem Iraker namens Basem mit, er hatte sich nach schweren Depressionen im Asylheim dazu entschieden, in seine schwierige Heimat zurückzukehren. Ali hatte das Bild in Bagdad entgegengenommen und mir eine Mail geschickt: «Ich habe heute dein Bild bekommen sowie den Brief. Vielen Dank für die hundert Dollar, die du dazugelegt hast, ich habe dieses Geld gerade wirklich nötig. Du siehst gut aus auf dem Bild, ich kann den Duft der Tannen hinter dir riechen, und der Schnee unter deinen Füßen hat in mir etwas bewegt. Ich weiß es nicht, aber vielleicht ist es die Sehnsucht nach Wärme oder einem Gespräch mit dir. Ich weiß, dass deine lebendige, warme Seele sich nicht von der Kälte des Schnees unterkriegen lässt. Von dir habe ich gelernt, Situationen und Momente bewusst wahrzunehmen, das Leben mit offenen Armen anzunehmen und jeden Tag zu träumen. An der Uni geht es mir gut! Dank dir gehe ich meiner Leidenschaft, dem Hoffen, jeden einzelnen Augenblick nach.» Das war ein Jahr, bevor er verschwand.

«In diesem Land erinnert nichts mehr an den Irak, wie du ihn kennst. Das Bagdad, das du liebst, existiert nur noch in deinem Gedächtnis», fuhr Naser, der meinen Blick bemerkt hatte, fort. Er erzählte von einem alten Mann, der mit lauter, fester Stimme und erhobenem Finger von seinem Sohn sprach: Er war sich sicher, dass sein Sohn noch lebte, obwohl er keinerlei Hinweis hatte, dass sein Sohn nicht ums Leben gekommen war. «Der Mann sprach mit großem Nachdruck, als richte er seine Rede an jemanden, der ihm nicht glaubte oder ihn nicht ernst nahm.»

«Naser, das ist genau das, was auch unsere Mutter macht», habe ich ihn unterbrochen. «Auch sie sagt, dass Ali noch am Leben sei, obwohl wir keinen Hinweis darauf haben.» Mein Bruder nickte und sah zum Fenster hinaus in den Garten des Hotels.

«Dicke Wolken und trüber Nebel herrschen über Damaskus», sagte Naser zu mir.

«Ja», entgegnete ich. Es war bereits dunkel, und wir waren im Saal fast alleine.

Er fuhr fort: «Unsere Mutter weigert sich, über Ali als toten Menschen zu sprechen. Sie will diese Wunde offen lassen. Aber sie belastet damit die ganze Familie. Es gibt keinen Tag, an dem sie nicht über Alis Rückkehr nachdenkt. In den ersten Wochen nach seinem Verschwinden saß sie vor der Küchentür und blickte auf den Spalt unter der Haustür. Sie betrachtete die Füße der Passanten, die am Haus vorbeigingen, und bei jedem Auto, das zufällig vor unserem Haus hielt, schreckte sie auf, ihre Augen weit aufgerissen und voller Erwartung, dass Ali gleich durch die Tür treten würde. Jedes Mal, wenn ich von der Suche nach Ali aus Bagdad zurückkehrte, herrschte eine wahnsinnig angespannte Atmosphäre im Haus. Mit der Zeit reduzierten wir die Gespräche auf das Nötigste und hörten auf, einander Dinge anzuvertrauen. Wir begannen, einander auszuweichen, selbst die Mahlzeiten nahmen wir immer seltener gemeinsam ein. Eine Ungewissheit breitete sich aus, ein Warten, das allen die Kehle zuschnürte und jeden Augenblick mit einer seltsamen Kälte belegte.

Wir waren uns nicht einig, wie wir ihn suchen sollten, und jeder machte dem andern Vorwürfe. Mutter behauptete, dass Ali so etwas niemals hätte passieren können, wenn du geblieben wärst. ‹Die Flucht von Usama hat das Gleichgewicht der Familie gestört›, sagte sie. Vater gestand sich nicht ein, dass seine Beziehung zu Ali eiskalt gewesen war, weil er seine Erwartungen nicht erfüllt hatte, und er gab Ali selbst die Schuld: ‹Nie hat er gehorcht und wollte immer seinen Kopf durchsetzen, egal zu welchem Preis.›»

Naser erzählte in einem Ton, in dem man üblicherweise mit Kindern spricht, seine Augen vergrößerten sich bei wichtigen Worten, er sprach langsam und deutlich, als fände er diese Dinge selber unbegreiflich und fürchte, ich würde das alles nicht verstehen.

«Niemand weiß, warum Ali in Bagdad geblieben ist. Allein das Brotholen war ein Abenteuer, für das man Glück und Verstand brauchte, um wieder heil nach Hause zu kommen. Mutter sieht die Liebe zur Literatur und Kultur, die Ali mit dir teilte und wofür du ihm ein Vorbild warst, als Grund dafür. Und leider weiß niemand, was mit ihm geschah, wo er jetzt ist oder warum er sterben musste.»

«Ist Ali getötet worden, weil er Schiit ist? Er ist ja gar nicht religiös», sagte ich wütend.

«Ich weiß es nicht, das gehört zu den offenen Fragen, und es besteht keine Aussicht, dass diese je geklärt werden. So beginnt man halt, sich selbst Antworten zu geben. Das kannst du doch verstehen?»

Ich sagte nichts, wusste nichts zu sagen.

«Sie brauchen eine Erklärung, einen Sinn, um damit abschließen zu können.»

Naser machte niemandem Vorwürfe, für ihn war es die Situation im Irak selbst, und mit der Suche nach Ali hatte er einfach herauszufinden versucht, was geschehen war. Er nahm den Faden wieder auf:

«Die Leichen, die in einem guten Zustand waren, wurden aus den Kühlschubladen geholt und auf einen stählernen Tisch in der Mitte des Kühlraums gelegt. Leichen in schlechtem Zustand darf man nicht sehen. Der Reißverschluss der schwarzen, müllsackähnlichen Hülle wurde aufgezogen und die Körper freigelegt. Die Angehörigen durften den Raum betreten und die Leichen betrachten. Der Verantwortliche des Kühlraums war ein alter Mann. Er war stets freundlich und geduldig, er hat niemanden zur Eile gedrängt. Nur wenn der Strom ausfiel, mussten die Leichen so schnell wie möglich wieder in die Kühlschubladen, denn der Raum erhitzte sich extrem schnell, und nur die Kühlschubladen waren mit einem Notstromaggregat versehen.

Manchmal schrie jemand auf, wenn er oder sie glaubte, eine Leiche identifiziert zu haben. ‹Das muss mein Sohn sein! Das Muttermal auf seiner linken Schulter ist unverkennbar. Bereits am Tag seiner Geburt ist es mir aufgefallen!›, rief einmal eine Frau. Der Leiche fehlte ein Arm, und auf seiner Brust waren die Spuren der Folter zu sehen. Sie betrachtete schweigend die Leiche, trat zwei, drei Schritte zurück, hielt inne, trat wieder an den Tisch. Das hat sie ein paarmal wiederholt. Schließlich fragte sie den Beamten, der danebenstand: ‹Darf ich seine Brust berühren?› – ‹Ja›, erwiderte er. ‹Ich werde ihn neben seinem Vater begraben, er wird seinen Geruch erkennen und sich dadurch beruhigen›, sagte sie leise und forderte den Mann auf, den Reißverschluss des Leichensackes nicht ganz zu schließen, als ob sie ihrem

Sohn Luft zum Atmen lassen wollte. Der Kummer, den sie trug, dämpfte ihre Schritte und ihre Stimme, sie schleppte sich in eine Ecke des Saales und krümmte sich zusammen. Die Traurigkeit hatte ein unendliches Loch in ihren Blick gerissen. Wie sie so in der Ecke saß, sah sie aus wie ein verregneter Vogel. Ihre Tränen tränkten ihr schwarzes Gewand.

Zu meinem Erstaunen beglückwünschten einige im Saal die Frau. ‹Ich gratuliere dir und beneide dich von Herzen›, sagte ihr ein junger Mann. Er kam mir unverschämt und gefühllos vor. War das ein Anlass zum Gratulieren? Was war denn nur mit den Menschen passiert? Mir wurde schlecht. Aber im Laufe der Zeit wurde mir klar, wieso dieser junge Mann der Frau gratuliert hatte. Ich erfuhr, dass er seine drei jüngeren Brüder vermisste. Sie besaßen zusammen ein kleines Geschäft zwischen zwei Quartieren in Bagdad, das Tabakwaren, Süßes und allerlei Bedarfsartikel für den Alltag anbot. Es lag an der Hauptstraße, wo sich das Quartier der Schiiten und das der Sunniten traf. Von dieser Straße brachte die Bagdader Polizei täglich zahlreiche Leichen in die Gerichtsmedizin. Nach 14.00 Uhr gab es kaum mehr Passanten auf dieser Straße. Der angrenzende Zoo wurde von der Al Qaida besetzt. Nachdem sie alle Tiere getötet hatten, missbrauchten sie deren Käfige als Zellen und Schlachthof für Zivilisten.»

«Ja, darüber habe ich einen Artikel in einer schweizerischen Zeitung gelesen», unterbrach ich Naser. Er fuhr fort:

«Bewaffnete Milizen in zivilen Kleidern hatten die drei Brüder mitten am Tag aus ihrem Laden geschleppt, in den Kofferraum eines großen Wagens geworfen, den Deckel zugeschlagen und waren davongebraust. Der junge Mann erfuhr dies von einem Händler direkt gegenüber. Nun kam er seit Monaten jeden Tag her in der Hoffnung, endlich Gewissheit zu erlangen. Ich begriff, dass es diese Ungewissheit war, die ihn wahnsinnig machte und nicht abschließen ließ. Manchmal war er bereits da, bevor der Krankenwagen mit den frischen Leichen kam, um die Toten zu sehen, bevor sie im schwarzen Plastik verschwanden. Einen gewöhnlichen Tod zu sterben und somit ein normales Begräbnis zu erhalten ist in Bagdad seit etwa einem Jahr etwas, auf das die Menschen neidisch sind», sagte Naser resigniert.

Ich dachte, das einzig Gerechte zwischen den Menschen und dieser Welt sei der Tod. Von Naser erfuhr ich das Gegenteil. Selbst im Tod gab es keine Gerechtigkeit.

«Der Tod müsste ein würdiger Abschluss sein. Irgendwo in einem Massengrab im Irak zu enden, ist kein würdiger Tod», sagte Nasser.

«Ja, Tote würdig zu beerdigen verleiht dem Leben Wert», bestätigte ich. «‹Den schönsten Tod sterben die Bäume, denn sie sterben im Stehen›, sagt eine irakische Redewendung. Erinnerst du dich? Das hat unser Großvater immer gesagt.»

«Ja, aber inzwischen müssen die Bäume beim Töten helfen. Wenn die Leute morgens aufwachen, sehen sie jetzt Leichen an den Bäumen der Allee hängen. Erinnerst du dich an den großen, alten Eukalyptusbaum neben dem Bab Al Sharqi, dem Tor des Orients?», fragte mich mein Bruder.

«Ja, natürlich, im Schoß dieses Baumes saßen immer die frisch Verliebten», erwiderte ich.

«Jetzt findet man da keine verliebten Paare mehr, sondern jeden Tag frische Leichen. Er wird nur noch ‹Baum des Todes› genannt. Viele Leichen tragen inzwischen ihren Namen und ihre Telefonnummer auf ihrem Köper oder ihrer Kleidung, auch Ali hatte das gemacht, er hatte Namen und Telefonnummer mit schwarzer Tinte hinten auf seine Jeans geschrieben. Mutter war schockiert gewesen, als sie es beim Waschen entdeckt hatte. Ali hatte gelacht: ‹Ja, Mutter, ich lebe in Bagdad und nicht in Paris.› – ‹Das ist unfassbar, warum bestehst du denn darauf, dich in Bagdad herumzutreiben, wo du offenbar damit rechnest, entführt oder umgebracht zu werden?›, hatte sich unsere Schwester Luma eingemischt. ‹Das ist meine Stadt, ich lebe und studiere dort. Was soll ich hier im Süden? Mit wem soll ich französisch sprechen? Wie soll ich mit diesem Studium hier Arbeit finden? In Bagdad kann ich in einem Café sitzen und mit Freunden über Literatur, Kunst und Musik sprechen. Wer von denen hier im Süden ist noch geblieben, um über solche Themen zu plaudern? – Warum schweigst du jetzt?›, hatte er wissen wollen, als sie nichts mehr sagte. ‹Mach, was du willst, und schreibe deinen Namen und die Telefonnummer auf alles, was du hast›, hatte sie gesagt und den Raum verlassen.»

Ali tauchte schlagartig vor meinem inneren Auge auf. So war er. Ich erinnerte mich an eine Szene, als er noch in der Sekundarschule war, jung und voller Leben. Er kam mir zufällig auf der Straße entgegen. Seine Bücher hielt er unter seinem Arm fest, als wären sie von unvorstellbarem Wert. Als er mich erblickte, strahlte sein Gesicht, und er grinste über beide Ohren. Mit fünf Jahren hatte er einmal schrecklich geweint, als ihm die Schnur eines Drachens aus den Fingern glitt. Ich hatte den Drachen verfolgt, doch je länger ich rannte, desto höher stieg er. Wie er nun diese Bücher festhielt, kam es mir vor, als habe er gelernt festzuhalten, was ihm wertvoll war.

Ich erwachte aus der Erinnerung und fragte Naser: «Wie oft hast du da Leichen besichtigt?»

«Oft, ich kann dir nicht sagen, wie oft. Die meisten Opfer sind jung und entstellt – verstümmelt, gefoltert, blutüberströmt. Ich begann dann auch hinzugehen, bevor die Leichen gebracht wurden. Mittlerweile gab es auch zu wenig Platz im Kühlraum, und so wurden die Wartenden gleich zu den frischen Leichen gelassen in der Hoffnung, Arbeit und Platz zu sparen, wenn die Menschen ihre Angehörigen gleich mitnahmen. Meistens liefen wir langsam um die Leichen herum wie die Pilger um die Kaba. Immer wieder wurde jemand ohnmächtig beim Anblick dieser vielen zu Tode gefolterten Menschen. Der Hass zwischen den Sunniten und den Schiiten ist wahnsinnig groß geworden, man kann ihn an den Verstümmelungen und Folterspuren ablesen. Es wurde immer extremer.»

Am nächsten Morgen fand eine Versammlung aller eingeladenen Kulturschaffenden im großen Saal des Hotels statt. Ich war auch da, konnte mich aber nur schlecht konzentrieren. Selbst meinen vorbereiteten Text mochte ich nicht vorlesen, ein kurzer Text mit dem Titel «Die Kultur der Toleranz als Retter», in dem ich skizzierte, wie das kulturelle Klima nach der Zeit der Diktatur aussehen sollte.

Der Präsident dieser Konferenz war ein irakischer Musiker, der 1991 über ein Lager in Saudi-Arabien nach Amerika fliehen konnte. In der Pause lernte ich ihn kennen und fragte ihn, ob er etwas von meinem Freund Meran Kadim, dem Violinisten, wisse.

«Ja, ich kenne ihn, ich habe ihn im Flüchtlingslager irgendwann um 1991 herum kennengelernt, aber ich habe ihn nicht wieder gesehen, seit wir in Amerika sind. Vor ein paar Jahren habe ich gehört, dass er mit einer Kanadierin verheiratet ist und mit ihr zusammen in New York lebt.»

«Oh! Genau die Stadt, von der er früher immer geträumt hat», erwiderte ich.

«Weißt du, es gibt so viele Iraker, die in Amerika leben, aber wir kennen einander nicht. Leider haben wir Angst voreinander. Warst du schon mal in Bagdad seit dem Sturz?», fragte er mich.

«Nein, leider nicht. Du weißt, dass mein Bruder Ali seit etwa einem Jahr in Bagdad spurlos verschwunden ist?»

«Ja, ich habe deinen Artikel über ihn gelesen. Es tut

mir schrecklich leid», entgegnete er und umarmte mich gleichzeitig. «Weißt du, vor zwei Monaten war ich das erste Mal seit sechzehn Jahren wieder in Bagdad. Nach einer Woche war mir klar, dass ich dieses Kapitel meines Lebens abschließen musste», sagte er bedrückt.

Diesen Satz hatte ich bereits von vielen gehört. Ein irakischer Künstler, der in Zürich lebt, hatte es noch härter formuliert: «Meine Beziehung zum Irak habe ich für immer beendet – wie wenn man ein Grab zuschüttet. Frag mich nicht wieso, du musst selbst dorthin gehen. Die Diktatur lebt weiter in der Politik wie im sozialen Gewebe, und der Krieg hat die Menschen bis zu einem Grad verstümmelt, dass selbst der Gedanke, eine Reform zu versuchen, eine Art Verrücktheit geworden ist.»

«Aber weißt du, Usama, als ich dann nach Detroit zurückkehrte und meine Uhrzeit zurückstellte, floss eine Träne über meine Wange. Ich habe ihre Wärme in der Winterkälte gespürt, und etwas tat mir weh. Eine innere Stimme forderte mich auf, die Uhrzeit an meinem Handgelenk auf Bagdad zu lassen. Und jetzt leite ich diese Konferenz, neben mir weht die irakische Flagge, und es ist die gleiche, vor der ich geflüchtet bin.»

«Kannst du mir einen Gefallen tun?», fragte ich ihn unvermittelt.

«Ja, natürlich.»

«Ich kann in den nächsten Tagen nicht erscheinen. Mein Bruder ist aus Bagdad gekommen, um mich zu sehen. Ich hoffe, dass du und die anderen dafür Verständnis habt. Und noch eine Bitte: dass du mir schreibst, falls du über irgendeine Adresse oder Telefonnummer von Meran stolperst.

«Sehr gerne», antwortete er. «Du kannst mir auch deinen Text für die Konferenz geben, und ich lege ihn zum Protokoll.»

Nach dem Mittagessen schlug ich Naser vor, die alten Quartiere von Damaskus aufzusuchen. Wir waren beide noch nie hier gewesen. Wir besuchten viele Märkte, aber auch das Quartier Toma und das Café Al Hakavati, in dem jeden Tag zwischen Mittag und Abend eine offene literarische Veranstaltung stattfand und wo ein alter Mann traditionelle Geschichten erzählte. Beim Stadttor Toma fanden wir ein gutes Restaurant, das wir betraten, ohne viel nachzudenken. Kaum hatten wir uns an einen Tisch gesetzt, kamen zwei junge Männer, begrüßten uns und setzten sich an denselben Tisch. Sie waren Marokkaner oder Algerier, das hatten wir an ihrer Begrüßung gemerkt. Einer fragte, woher wir waren.

«Aus dem Irak», antwortete Naser schnell.

«Mesopotamien, die Wiege der Kulturen, die jetzt leider die Amerikaner besetzen», erwiderte der eine, der andere strahlte.

Sie sagten ein paar Sätze in ihrem Dialekt, die wir beide nicht verstanden. Sie verstanden den unseren auch nicht, als wir sie fragten, ob sie sich in der Stadt auskennen würden, da wir nach einem Hamam suchten. Ich begann, mit den beiden auf Hocharabisch zu sprechen, aber nach zwei Minuten merkte ich, dass sie müde und zurückhaltend wurden. Sie verabschiedeten sich, bevor sie ihre Getränke ausgetrunken hatten.

«Seltsam. Was haben wir falsch gemacht?», fragte ich meinen Bruder.

Naser meinte, dass, wer Hocharabisch spreche, auch von den Jugendlichen im Irak nur schwer verstanden würde. Ich begriff. In der Schweiz reagierten auch viele zurückhaltend, wenn ich Hochdeutsch sprach.

«Ist der Unterschied zwischen Schweizer- und Hochdeutsch auch so groß wie zwischen der arabischen Hochsprache und ihren Dialekten?», fragte mich Naser.

«Ja, er ist groß. Ich kann es nicht sprechen, und wenn ich es versuche, lacht mich meine Frau aus und korrigiert mich auf ziemlich gemeine Art. Ich würde es gerne lernen, es ist eine Sprache, die aus dem uralten Frieden und Wohlergehen des Landes schöpft.»

Wir gingen wieder in die Stadt.

Bei Städten achte ich häufig darauf, wie sie die Fremden empfangen. In jeder Stadt in der Schweiz habe ich ein anderes Gefühl. In Zürich etwa fühle ich mich gezwungen, Teil einer großen Hektik zu sein. Es mangelt an Zeit, auch wenn ich sie in komfortablem Maße habe. Ich merke kaum einen Unterschied zwischen mir als Fremden und denjenigen, die seit Jahrzehnten in der Stadt leben. Sie ist wie ein großes Gefäß, in dem jede Farbe mit der anderen schnell verschmilzt und dennoch ihre Intensität beibehält. In Bern muss ein Fremder oft danach fragen, was der andere überhaupt meint. Die

Stadt empfängt die Fremden gemütlich, aber mit einer übermäßigen Gleichgültigkeit. In Basel erhält der Fremde viel Empathie, was ihm das Gefühl vermittelt, dass er immer ein Fremder bleiben wird. Frauenfeld ist etwas zwischen Dorf und Stadt, und die Wege des Fremden kreuzen sich schnell mit denen des Einheimischen; so ergeben sich viele Möglichkeiten, einander kennenzulernen.

«Was arbeitest du genau? Ich habe dich nicht ganz verstanden, als du es mir am Telefon erklärt hast», wollte Naser wissen.

«Ich arbeite seit ein paar Monaten mit einigen Schweizern und Ausländern zusammen in den Wäldern des Kantons Thurgau, wo ich wohne. Diese Arbeit heißt ‹Beschäftigungsprogramm›. Wir haben verschiedene Aufgaben, die wir in einem Wald erledigen müssen, etwa Bäume pflanzen, Zäune errichten oder erneuern, Schutz für junge Bäume bauen, damit sie nicht von wilden Tieren gefressen werden, Wege und Bäche reinigen und kranke Bäume entwurzeln.»

«Interessante Arbeit», meinte Naser.

«Ja, das stimmt. Schon am ersten Tag meiner Arbeit im Wald wurde mir bewusst, dass ich dazugehöre. Nach ein paar Wochen habe ich gelernt, die Bäume anders zu betrachten und zwischen ihren Ästen den Himmel und den Horizont zu bewundern. Ich lernte, dass der Wald ein wichtiger Teil unseres Lebens ist. Ich gehe in den Wald, ohne auf das Wetter zu achten. Nicht nur der Regen, der Schnee und die Sonne, auch die Zeit hat im

Wald eine andere Dimension. Den Regen im Wald zu erleben hat meine Seele erfüllt, ich kam wie neugeboren heraus und fühlte mich erleichtert. Viele Schichten meines Leidens hat dieser Regen weggewaschen.»

«Schön», sagte Naser. «Aber weißt du, dass der Wald in der islamischen Kultur ein unbeliebtes Wort ist? Es deutet eine chaotische und willkürliche Situation an.»

«Ja, das weiß ich, und es ist schade, dass man den Wald so negativ empfindet, denn je länger man im Wald oder in der Natur verweilt, desto mehr hat man das Gefühl, dass die Natur nirgends willkürlich ist. Am Morgen einen Blick auf den Wald zu werfen reicht für mich, um tagsüber glücklich zu sein. Ich höre den Bäumen zu, rede mit ihnen, und manchmal suche ich mir einen Baum aus, setze mich neben ihn und beginne ihm zu erzählen, was mich bedrückt.»

«Es freut mich, wie du die Beziehung zu deiner Arbeit schilderst. Ich hätte nie gedacht, dass du außerhalb deines Fachs etwas so lieben könntest», sagte Naser und zwinkerte mir zu.

«Lass uns jetzt ein Café suchen, ich habe Lust auf eine gute Wasserpfeife.»

«Da! Gleich an der Ecke», sagte Naser.

Wir gingen hinein. Es war ein kleiner, gemütlicher Ort, einige ältere Männer stritten über ihrem Dominospiel. Der junge Kellner begrüßte uns mit großer Gastfreundlichkeit. Wir bestellten eine Shisha und Schwarztee. Auf dem großen Fernseher in der Mitte des Lokals lief Al Jazeera, drei Männer diskutierten laut über die

Situation im Irak: War es nun eine amerikanische Besetzung oder eine Befreiung?

Wir schauten schweigend in Richtung Fernseher. Ich wusste nicht, ob er auch die Breaking News gelesen hatte: Bewaffnete hatten eine irakische Familie vor einer Ampel erschossen, ein Auto explodierte vor dem Eingang des Al-Arabi-Marktes im Zentrum Bagdads, und in der Nähe der Autobahn Richtung Süden hatte die Polizei achtzehn nicht identifizierte Leichen gefunden. Außerdem wurden vier Betonmauern zwischen zwei Quartieren in Ostbagdad fertiggebaut, und der irakische Vizepräsident war zu einer Konferenz über den Wiederaufbau des Iraks nach Genf gereist.

«Denkst du, dass Ali noch am Leben ist?» Meine Frage überraschte Naser.

«Dieselbe Frage stelle ich mir selber, und es bricht mir das Herz zu sagen, dass ich überzeugt bin, dass er nicht mehr lebt. Ich habe fast ein Jahr lang nach ihm gesucht, es ist nicht möglich, dass er noch am Leben ist. Wäre er entführt worden, hätten wir längst einen Anruf erhalten.»

«Wo ist wohl seine Leiche geblieben?»

«Irgendwo in einem Massengrab. Der ganze Irak ist ein Massengrab geworden», sagte er, zog an der Shisha und nebelte den Fernseher ein. Wir versanken wieder in Schweigen. Als wir das Lokal verließen, dauerte der Streit der alten Männer am Dominotisch und am Bildschirm an.

Im Hotel fragte mich Naser, ob ich in der Schweiz Freunde hätte.

«Ja, natürlich. Schweizer, aber auch andere Nationalitäten. Alle sind anständig, aber die Freundschaft hat nicht die gleiche Bedeutung wie im Irak. Das Leben in der Schweiz ist anders. Es gibt viel Freiheit, aber nicht in allem. Man ist in ein ewiges Rennen eingebunden. Manchmal kommt mir die ganze Gesellschaft wie eine riesige Werkstatt vor, in der Menschen arbeiten, ohne sich füreinander zu interessieren. Manchmal redet jemand mit mir im Zug oder im Bus über das Wetter oder den Urlaub, irgendwas, worüber die Medien berichten. Ich sage dann Ja und lächle dabei, ziehe aber das Gespräch allmählich Richtung Irak und den Krieg. Die meisten schweigen dann. Ich weiß nicht warum, aber vielleicht merken sie, dass das Gleichgewicht im Gespräch nicht mehr stimmt. Meistens verbringe ich meine Freizeit mit meiner Familie oder mit meinen Büchern und meinem Ziel, mein Deutsch zu verbessern. Für mich ist die Sprache in der Fremde wie die Luft: Je dünner sie wird, desto größer ist das Erstickungsgefühl.

«Bist du froh, dass du morgen zurückfliegst?», fragte Naser.

«Ja und nein, ich werde dich lange nicht wiedersehen.»

«Ja, das tut mir auch weh, aber bitte bewahre die Glückseligkeit, welche du hast. Bei uns im Irak ist das Glück etwas ganz Seltenes geworden. Wir leben wie in einem Labyrinth; egal wie klug du bist, du wirst nicht herausfinden. Ich suche Ali noch bis Anfang Sommer, danach höre ich damit auf. Du darfst dir nicht zu viele Gedanken machen wegen uns, und lass bitte das Durcheinander in deiner Heimat als Grund gelten, dein Leben in der Fremde zu stabilisieren.»

Als er das sagte, sah ich die großen Sorgen, die er sich um mich machte. Ich konnte kein Wort sagen, gab ihm aber zwei Briefumschläge. Irgendwann fügte ich hinzu: «Der große ist für Mutter, der kleine für dich. Öffne ihn aber bitte erst nächste Woche, wenn du zu Hause bist. Versprich mir, dass du auf dich aufpasst.»

Als ich mich anderntags von Naser verabschiedete, verlangte ich von ihm, dass er im Zimmer blieb und mich nicht bis zum Flughafen begleitete, wie er das eigentlich wollte. Er fand das komisch und fragte mich mehrmals nach dem Grund. Schließlich gab ich nach und erklärte ihm: «Das hat Großmutter immer so gemacht. Jedes Mal bin ich zu ihr zurückgekehrt, und wir haben uns wiedergesehen.»

Naser verstand. Es war sechs Uhr morgens, der Verkehr wurde zunehmend dichter. Der Taxifahrer, ein junger Syrer mit Dreitagebart und einem schwarzen Gewand, wartete, an das Auto gelehnt, auf mich. Aus dem Auto hörte man von einer CD, wie ein Mann melodisch Suren aus dem Koran zitierte. Wir umarmten uns zum Abschied, Naser stand mit einem Glas Wasser in der Hand vor der Tür und zählte meine Schritte. Nach dem siebten Schritt schüttete er das Wasser auf meinen Weg und sprach das Gebet wie einst unsere Großmutter: «Der Gott, der dir die Fähigkeit gegeben hat zum Reisen, wird dir den Weg zurückzeigen.»

Auf dem Weg zum Flughafen stieg die Sonne langsam auf, der Taxifahrer machte das Radio an. Die Nachrichten über den Irak kamen zuerst.

«Könnten Sie bitte das Radio ausschalten?», fragte ich den Chauffeur ganz höflich.

«Allerdings», entgegnete er, «ich kann den Mist, den die Amerikaner im Irak anrichten, sowieso nicht mehr hören!» Ich sagte nichts. Nach einigen Minuten fragte er mich, wohin ich fliegen würde. Ich sagte es ihm nicht und blieb stumm. Obwohl er merkte, dass ich keine Lust zum Reden hatte, erzählte er mir, dass das Taxifahren eine verdammte Arbeit sei und sich nicht lohne, da tausende Taxifahrer jeden Tag in Damaskus herumführen, dass das Jahr 2007 verdammt katastrophal geworden sei, weil die Lebenskosten in die Höhe geschossen und die Löhne niedrig geblieben seien. Er habe sechs Kinder, seine Frau arbeite zu Hause als Näherin. Bis zur Flughafeneinfahrt musste ich seine ganze Geschichte über mich ergehen lassen. Statt mich am Gespräch zu beteiligen, habe ich ihm ein gutes Trinkgeld gegeben. Seine Dankbarkeit war typisch arabisch, er hat mich dreimal geküsst.

Am 12. März 2007 morgens am Flughafen in Damaskus wartete ich auf die Maschine nach Zürich. Ich versuchte, mir einen Reim zu machen auf Alis bitteren Tod und die Suche nach ihm. Es schien mir wie Dantes «Göttliche Komödie»: begreiflich, aber unfassbar.

Etwa zwei Wochen nach meiner Rückkehr in die Schweiz erhielt ich einen Brief von meiner Schwester Luma:

«Lieber Usama,

wie geht es dir? Hoffentlich geht es dir und deiner Familie gut, und du bist nach deiner intensiven Reise wohlbehalten wieder zurückgekehrt. Mein Lieber, ich erzähle dir jetzt, was unser Bruder Naser dir in Damaskus nicht erzählen konnte:

Zu Beginn des Herbstes 2006 hat Naser eine Frau aus Bagdad kennengelernt, die nach ihrem Sohn suchte. Er war ein Bäcker und wurde seit zwei Monaten vermisst. Sie teilte unserem Bruder mit, dass sie einen Sunniten aus Falludscha namens Kamal kannte, der als Dolmetscher für einen Amerikaner arbeitete und aufgrund seiner Beziehung zur amerikanischen Armee und der irakischen Regierung über Wissen verfügte, das einem normalen Bürger verborgen blieb. Kamal suchte für Geld und mit seinen Beziehungen nach Verschwundenen. Sie selbst hat ihn bezahlt, um nach ihrem Sohn zu suchen.

Als Naser mit der Nummer von Kamal nach Hause kam, brach ein Streit in der Familie aus. Ein Streit, der dann stumm wurde und wie ein Riss durch das Gewebe der Familie ging. ‹Wie sollen wir fünfundzwanzigtausend Dollar auftreiben? Das ist eine Summe, die wir niemals bezahlen können! Warum sollen wir alles glauben? Wir haben bereits so viel Geld ohne Ergebnis ausgegeben! Wer garantiert uns, dass dieser Mann die Wahrheit spricht?›, sagte mein Vater.

Naser hatte keine Ahnung, er konnte die Fragen nicht beantworten. Alles, was er von der Frau erfuhr, war, dass Kamal durch seine Arbeit als Dolmetscher für die Alliierten über Beziehungen und Wissen verfügte. Durch die Verhöre der Terroristen in der Untersuchungshaft konnte er in Erfahrung bringen, wo geheime Massengräber und Verstecke waren, was der Öffentlichkeit verschwiegen wird. Al Qaida und andere Dschihadisten hatten viele geheime Massengräber in Bagdad, die bis zu diesem Zeitpunkt noch nicht entdeckt waren. ‹Vielleicht könnte er uns zu einem führen, in dem Ali liegt›, sagte Naser.

‹Und warum sucht sie noch immer nach ihrem Sohn, wenn sie doch Kamal bezahlt hat? Was ist, wenn die ganze Geschichte nur ein Betrug ist und diese Frau mit Kamal zusammenarbeitet, um Betroffene auszubeuten?›, fragte ich Naser. Er gab mir aber keine Antwort.

Usama, du weißt ja, dass wir dieses Geld nicht haben. Wir stecken in einem Dilemma. Unsere Mutter wirft uns vor, dass es uns nicht gelungen sei, Alis Schicksal zu verhindern, und jetzt wollten wir auch gar nicht richtig nach ihm suchen. Mein Vater betrachtet seine Heirat mit Mutter als historischen Fehler, der nicht auszubügeln sei; man trage die Folgen wie einen Buckel bis zum Grab. Mir ist klar, dass du uns nicht helfen kannst. Das ist aber kein Grund, dir diesen Zustand zu verbergen.

P.S.: Hast du eine neue E-Mail-Adresse? Meine E-Mails an dich kommen als unzustellbar zurück.

Liebe Grüße, Luma, 28.03.2007.»

Ich erinnere mich gut daran, wie ich in einem langen Telefonat aus der Schweiz versuchte, meinen Bruder zu überzeugen, diesen besagten Kamal vor der Bezahlung unbedingt zu treffen. «Nein, das ist nicht möglich», sagte er, «das habe ich bereits versucht. Er trifft sich mit seinen Kunden erst nach der Bezahlung. Ich starte noch einmal einen Anlauf, wenn du das wünschst, aber er ist schwer erreichbar.»

Fünf Jahre später, also 2012, erzählte mir Naser in Bagdad, wie unsere Mutter darauf drang, dass wir zahlten, bevor es zu spät sei. Sie habe einen unglaublichen Druck auf Vater ausgeübt, das geerbte Stück Land zu verkaufen. Er hatte es von seinem Vater geerbt. Das bescheidene Grundstück lag am Ufer des Al Garaf in der Nähe der Stadt Al Hai und war bestanden von Oliven-, Dattel-, Granatapfel- und Feigenbäumen. Uns Kindern hat Großvater die Geschichte jeder einzelnen Palme erzählt, wer sie pflanzte, welche Dattelarten sie hergab und was der Unterschied zwischen Öl von Oliven mit und ohne Kern ist.

Auch Naser meinte, dass unser Vater das Grundstück verkaufen sollte, weil die Schulden so hoch waren. «Das Auto, den Schmuck der Mutter, alle unsere Besitztümer hatten wir bereits für die vielen Bestechungen verloren», sagte er mir.

Bestechung war während des Krieges und des Embargos im Irak sehr normal geworden. Die Korruption blieb dem Land auch nach Saddams Sturz erhalten, nur selten findet man einen Beamten, den man nicht bestechen muss. Der behauptet dann, eine Genehmigung von seinem Vorgesetzten einholen zu müssen, was er nur könne, wenn er ein Geschenk erhalte. Wenn man nach der Art des Geschenkes fragt, nennt er eine gewisse Summe Geld, oder man erhält einen Kaufauftrag. Einmal musste Naser eine Klimaanlage kaufen, um ein Verfahren in Gang zu bringen. Auf der Suche nach Ali in Spitälern, in Gefängnissen, bei Geheimdiensten, der militärischen Polizei oder in Zellen von Milizen oder Alliierten, bei Banden, die irakische Zivilisten entführt hatten, überall musste Bestechungsgeld bezahlt werden, nur um zu erfahren, dass Alis Name nicht in ihrem elektronischen Register stand. Ein Offizier der militärischen Polizei verlangte einmal ein Gemälde. Er beschrieb Naser genau, wo es sich befand, in welchem Stadtteil, welcher Straße, welcher Galerie. Sein amerikanischer Vorgesetzter hatte dieses Gemälde einmal erwähnt, und wenn er es erhielte, gäbe es viele Möglichkeiten, nach Ali zu suchen. «Es war ein schönes Bild von Kahramana, einer Frau, die heißes Öl über vierzig Räuber goss, die sich in großen Tongefäßen versteckten», erzählte mir mein Bruder.

Ob sich der Dieb in Uniform über das Bild mit den vierzig Dieben gefreut hat?, fragte ich mich. Wie konnte man unter solchen Umständen Kunst genießen?

«Er war in seinem Büro, als ich ihm das Gemälde lieferte», fuhr Naser fort, «unverzüglich wählte er eine Nummer und begann, in gebrochenem Englisch zu telefonieren. Ich wartete gespannt, und er deutete während des Gespräches auf einen Stuhl. Ich setzte mich und hörte, wie er die Informationen über Ali diktierte.

‹Ich rufe Sie innerhalb dieser Woche an›, verabschiedete er mich, schüttelte mir kräftig die Hand und begleitete mich vor die Tür.

Als Vater sich schließlich dazu bringen ließ, das Grundstück zu verkaufen, hatte er einen Wunsch. Zwei Dattelbäume auf diesem Land sollten sein Leben lang in seinem Besitz bleiben. Die neuen Besitzer kamen diesem Wunsch nach. Die zwei Palmen hatte Großvater 1946, im Geburtsjahr von Vater, gepflanzt. In diesen Bäumen steckten viele Erinnerungen, die Vater mit seinen beiden im Krieg gefallenen Brüdern teilte. Als Großvater 1986 starb, haben seine acht Kinder das Land unter sich aufgeteilt und verkauft. Nur Vater hatte sich geweigert zu verkaufen, dieses Stück Land war für ihn ein Symbol des Zusammenlebens der großen Familie und seiner ganzen Vergangenheit.»

Um Kamal zu treffen, musste Naser dann in die sogenannte «grüne Zone» gehen, das große Areal im Zentrum Bagdads, das von den amerikanischen Truppen im April 2003 nach einigen der heftigsten Kämpfe eingenommen worden war. Sie beherbergte die alliierten Truppen wie die Übergangsregierung, deswegen galt sie als gefährlichste Zone Bagdads.

«Ich ging durch vier amerikanische und irakische Checkpoints, ich wurde gescannt und von Spürhunden beschnüffelt. Für mich war es unerwartet und schockierend, dass es im Herzen von Bagdad derart amerikanisch zuging. Es gab eine Cafeteria, in der sich Europäer und Amerikaner aufhielten, auch Iraker, aber die glichen uns nur noch in der Haut- und Haarfarbe. Ich musste nicht lange warten, bis Kamal auftauchte. Ein großer, schlanker, junger Mann mit Sonnenbrille, sportlich gekleidet, begrüßte mich freundlich. Er schüttelte mir kräftig die Hand und überraschte mich mit dem Vorschlag, mir bei dieser Gelegenheit eine wichtige amerikanische Person vorstellen zu wollen. Ich bedankte mich bei ihm, lehnte das Angebot jedoch ab. Was sollte ich mit diesem Mann? Ich wollte ja schließlich mit Kamal sprechen. Ich sagte ihm, dass wir das Grund- und Erbstück der Familie verkaufen mussten, um dieses Geld aufzutreiben, und äußerte die Hoffnung, dass diese Entscheidung nicht falsch war. Daraufhin legte er seinen Badge auf den Tisch und sagte mir, dass es mir freigestellt sei, das Geld zu nehmen und wieder nach Hause zu gehen. Er betonte mehrmals, dass er selbst nichts von diesem Geld zu sehen bekäme. Er sei bei einer großen Firma angestellt und verdiene genügend Geld. Dieses Geld sei für seinen Arbeitgeber, und er wolle nur den Menschen helfen, an wichtige Informationen zu gelangen. Es würde weitergeleitet als Bestechung für die Personen, die er um einen Gefallen bitten müsse, um an die Informationen über Ali heranzukommen. Er machte mir klar, dass es keine Garantie gäbe und er keine Versprechungen mache, dass er die vermisste Person fände. Während er das sagte, legte er seinen Zeigefinger auf dem Foto mitten ins Gesicht von Ali. Ich hatte ein Gefühl, als habe er seinen Finger in mein Gesicht gedrückt. Irgendetwas an dieser Geste hat mir wehgetan. Ich habe völlig emotional reagiert und das Foto unter seinem Finger weggezogen. Als ich es betrachtete, fragte er mich mit gesenktem Kopf, wie alt Ali sei.

‹Dreiundzwanzig›, antwortete ich trocken. ‹Dieses Bild entstand zwei Monate vor seinem Verschwinden, und es wurde in Bagdad aufgenommen.›

‹Wo hat man ihn zuletzt gesehen?›, fragte er weiter.

‹Das wissen wir nicht genau. Aber natürlich in Bagdad. Er ging von zu Hause, dem Quartier Al-Zafraniya, an einem Montag, dem 10. April 2006, kurz vor 13.00 Uhr weg und ist seitdem nicht wieder zurückgekehrt. Alle notwendigen Informationen und die Umstände seines Verschwindens findest du in diesem Couvert. Darin stehen auch drei verschiedene Telefonnummern, unter denen du uns erreichen kannst, falls es wichtige Informationen gibt, die du noch für die Suche brauchst oder die du uns mitteilen möchtest.›

‹Ich gebe mir Mühe›, sagte er, legte sein Handy auf den Badge und nahm die beiden Couverts. Ein großes mit dem Geld und das kleine mit den Informationen über Alis Verschwinden.»

«Wer hat diesen Bericht geschrieben? Hast du eine Kopie davon?» fragte ich Naser.

«Wir alle haben ihn geschrieben, wir haben alles zusammengetragen, was wir wussten. Natürlich habe ich eine Kopie davon», antwortete er mir mit großen Augen. «‹Du hörst von mir›, hat Kamal nur gesagt und dieses komische Kaffeehaus verlassen. Seither habe ich nie wieder etwas von ihm gehört, auch die Frau hat er im Stich gelassen. Nach ein paar Monaten habe ich aufgehört, seine Spuren zu verfolgen und zu unseren Eltern gesagt, dass er nichts gefunden habe. Ja, was sollte ich denn sonst? Ihnen mitteilen, dass wir verarscht wurden?»

«Was kam dir komisch vor? Das Treffen selbst oder der Ort?», fragte ich Naser. «Das Ganze», sagte er und fuhr fort, «es wirkte alles dubios. Die Mischung aus Soldaten und Zivilisten, verschiedenen Sprachen und Hautfarben, Lärm und lauter Musik und der Gestank der Zigaretten. In jeder Ecke standen Sicherheitsleute, die dich ohne Grund jederzeit hätten untersuchen können. Als ich wieder aus der komplett von hohen Betonmauern und Stacheldrahtzaun umgebenen Zone raus war, hatte ich das Gefühl, gar nicht im Irak gewesen zu sein. Das Gebiet nennt man auch die ‹Todeszone von Bagdad›, da fanden die meisten Explosionen von Autobomben und Sprengstoffrucksäcken statt.»

Den Wanderweg zwischen Frauenfeld und Stein am Rhein kannte ich fast auswendig. Ich nannte diesen Weg heimlich für mich «die Strecke der Heilung»; oft, wenn es mir schlecht ging, suchten meine Füße diesen Weg auf. Und jedes Mal überraschte mich die Aussicht auf den Rhein, wenn ich aus dem Wald trat. Auch jetzt ging es wie ein kleiner Wind durch meine Seele, als sich der Blick öffnete, hinter mir das Rauschen der Bäume.

Sie hatten mir die Kraft gegeben, mich zu erinnern, ich fühlte mich mit mir selbst versöhnt, meine Verzweiflung ließ ein wenig nach. Auch wenn die quälende Frage nach Ali in meinem Hals stecken blieb wie eine Scherbe, die ich weder schlucken noch ausspucken konnte.

Der Baum der Heimat

Wenn ich das Wort «Heimat» ausspreche, steht vor meinem inneren Auge eine Dattelpalme. Wissen die Bäume, wie wir sie betrachten? Dass die Dattelpalme aus meinem Leben verschwunden ist, seit ich in der Schweiz lebe, hat bei mir eine Lücke hinterlassen. Statt der Palmen sehe ich Apfel- und Kirschbäume vor meinem Fenster. Sie sind ein Bestandteil meines Lebens geworden, aber die Lücke gefüllt haben sie nicht.

Über Heimat schreibe ich am liebsten auf Arabisch. Dass mein Alltag sich vor allem auf Deutsch abspielt und die arabische Sprache etwas in den Hintergrund getreten ist, hat den Vorteil, dass eine gewisse Distanz zu diesem Thema entsteht, eine Art dünne Folie. Aber wenn ich wochenlang kein Wort südirakischen Dialekt gehört habe, gehe ich in den Wald und sage laut Worte, spreche sie so aus wie meine Eltern und Großeltern. Ich genieße den langsamen Rhythmus, den man dort hat. Man zieht die Worte beim Sprechen sanft in die Länge, ohne sie zu belasten. Ich wiederhole die Worte, höre mich selbst, und es ist ein wenig, als ob ich im Südirak wäre.

Anfang 2014 schickte mir meine Mutter Datteln aus unserem Garten. Ich habe die Kerne aufbewahrt, und die guten habe ich in der Wohnung angepflanzt. Ich gab mir besondere Mühe, und als ich endlich etwas Grünes in der Erde aufkeimen sah, fühlte ich mich außerordentlich glücklich: Ich hatte Heimatgefühle geschickt bekommen.

Aber je mehr die Pflanze wuchs, desto tiefer wurde meine Traurigkeit. Was hatte diese Pflanze hier zu suchen? Wieso sollte sie an einem Ort leben, an dem sie nie Früchte tragen würde? Als sie drei Jahre später verwelkte, hat es mir im Herzen wehgetan. Fühlte sich die Pflanze auch fremd?

Je älter ich werde, desto größer wird die Liebe zu meiner Heimat, als wäre all das nicht gewesen, was mich vertrieben hat. Warum verabscheue ich diesen Ort nicht, an dem ich niemals abschätzen konnte, was am nächsten Tag sein würde? Dieses Land, in dem man eine Bewilligung vom Innenministerium und vom Geheimdienst brauchte, um eine Schreibmaschine zu besitzen? So viele Jahre sind vergangen, aber noch immer quält mich die Zeit des Zweiten Golfkriegs 1991. Seither befindet sich zwischen mir und meiner Heimat ein Raum wie ein Urwald: dicht, rau und wild. Und die Vernunft kann die Seele nicht daran hindern, sich mit diesem Raum verbunden zu fühlen.

Ich erinnere mich an die Tage nach dem 16. Januar 1991, als die Alliierten angriffen. In den ersten Nächten war es, als sei ein brennender Stern vom Himmel gefallen. Frühmorgens flogen die Kampfflugzeuge der Alliierten in geringer Höhe über das Land. Vom Boden aus konnten wir die Piloten in den Cockpits sehen. Als in Al Nassirija die Hauptbrücke über den Euphrat bombardiert wurde, hörte ich den ganzen Nachmittag nichts mehr, und ich dachte, dass ich nie wieder hören würde. Meine Ohren haben mich mehr beschäftigt als die Toten im Fluss. Dutzende Menschen trieben auf dem Wasser, der Fluss trug sie davon, ins Ungewisse.

Eine Woche später hörten wir in weiter Ferne Bombardierungen. Wir zitterten, auch unser Boden zitterte. Niemand konnte schlafen, und als der Morgen anbrach, fiel schwarzer Regen vom Himmel. Meine Großmutter stieg mit einem Teller auf das Dach des Hauses, sie wollte sicher sein, dass der Regen wirklich schwarz war. Als sie das Schwarze auf dem weißen Teller sah, sagte sie: «Das ist der Fluch Gottes über uns Menschen. Wir haben nie Gutes getan, sondern immer nur Schlechtes.»

«Oh, schon wieder sind wir die Schuldigen», kommentierte mein Bruder Naser. Er war damals fünfzehn und mochte freche Kommentare. Schon als kleines Kind hatte er meine Eltern geärgert, weil er Fragen stellte, die sie nicht beantworten konnten: Wieso muss der Mensch sterben? Was isst Allah zum Abendessen? Muss er auch die Zähne putzen?

Meine Großmutter würde während des ganzen Krieges davon reden, dass Gott all das bewusst zugelassen habe. «Ihr habt keine Ahnung! Dieses Schwarz ist das flüssige Metall, das vom Zaqqumbaum kommt! Es kommt aus dem Höllenfeuer! Was lernt ihr eigentlich in der Schule?» Als sie das zu Naser sagte und die Diskussion über Gott, Schicksal und Religion begann, verzichtete ich auf den Schwarztee und ging in die Stadt.

Der Regen fiel wirklich schwarz. Der Himmel war

schwärzer als eine Sonnenfinsternis, niemand wusste, was los war, die Menschen waren schockiert. Ein alter Mann zog seine Füße hinter sich her und rief, dass der Weltuntergang nah sei und das Jenseits bevorstehe: «Der heilige Imam Al Mahdi wird bald kommen!»

Ich begegnete Meran, einem guten Freund. Wegen seines Aussehens wurde er im Quartier «der Europäer» genannt, groß, schlank und mit blauen Augen. Er war der Einzige in der Stadt, der Italienisch konnte. Einmal wurde er deswegen vom Sicherheitsdienst festgenommen. Welcher Geheimdienst ihn bezahle, damit er diese Sprache lerne, wurde er gefragt.

Meran war leidenschaftlicher Violinist. Seine Geige musste er beim Nachbarn verstecken, da seine Eltern so religiös waren, dass sie weder Instrumente noch Musik duldeten. Sein Vater hatte ihm gedroht, die Geige in den Ofen zu werfen, wenn er sie noch einmal unter seinem Dach finden würde. Am besten werfe er das Ding gleich ins Feuer, bevor es ihn ins Feuer bringe, schrie er Meran ins Gesicht. Als die Nachbarn für zwei Wochen verreisten, musste er sie im Hühnerstall hinter dem Haus verstecken. Seine Geige war für ihn wie eine Oase der Glückseligkeit in einer Zeit des Unglücks, und zwei Wochen lang stank dieses Glück nach Hühnermist, erzählte er lachend.

«Saddams Elitetruppen haben die Ölquellen in Kuwait verbrannt, der Regen enthält rohes Erdöl, das viele Bäume und Pflanzen töten wird», sagte er entsetzt und ohne Begrüßung.

«Woher weißt du das?», fragte ich ihn.

«Wir haben die Nachrichten aus London gehört.»

Ich schwieg und war dann einverstanden, einen Blick auf den Fluss und die Brücke zu werfen. Neben uns hielten Soldaten ein Auto an. Woher sie Benzin hätten, ob sie nicht wüssten, dass es verboten sei, auf dieser Straße zu fahren? Während des Kriegs fand man außer auf dem Schwarzmarkt keinen Tropfen Benzin, viele Leute mussten ihre verstorbenen Verwandten in einer nahe gelegenen Moschee oder in ihrem Garten bestatten, weil es kein Auto gab, mit dem sie die Verstorbenen zum Friedhof hätten bringen können. Der Lenker versuchte dem Offizier zu erklären, dass er auf der Suche nach einem vermissten Mann sei, der wohl der letzten Bombardierung zum Opfer gefallen sei.

«Weg hier, es wird gefährlich», sagte Meran, als er merkte, dass ich die Szenerie allzu aufmerksam beobachtete. Unterwegs holte uns das Auto ein, am Steuer saß der Offizier, alle Zivilisten hatten sie mitgenommen.

Der Anblick des Flusses erschreckte uns. «Denkst du, dass die Fische das überleben?», fragte ich ihn.

«Natürlich, der Fluss ist ja nicht völlig schwarz, das ist nur die Oberfläche. Die Fische schwimmen tief und sehen das Schwarze von unten wie wir von oben. Diesen Rauch atmen wir schon seit Jahrzehnten ein», murmelte er. «Haben deine Ohren auch geblutet?»

«Nein, das nicht. Aber ich habe den ganzen Abend schlecht gehört. Und du?»

«Ja, das linke Ohr hat ein bisschen geblutet. Ein Pfeifen höre ich aber immer noch in beiden Ohren. Ich gehe in die Wüste. Die Alliierten haben an der Grenze zu Saudi-Arabien ein Lager für Flüchtlinge errichtet. Von hier aus ungefähr neunzig Kilometer. Es reicht, ich kann es hier nicht mehr ertragen. Kommst du mit?»

«Dieses Lager ist doch nur für irakische Soldaten, mein Lieber, und ich habe gehört, dass die Zivilisten, vor allem Studenten wie wir, zur irakischen Regierung zurückgeschickt werden.»

«Also kommst du nicht mit?»

«Nein. Das ist das Ende von Saddams Regime. Du willst zu einer falschen Zeit fliehen. Saddam hat den Krieg verloren, wir müssen nur ein paar Tage warten. Die Alliierten werden ihn stürzen», betonte ich.

«Weißt du, etwas Schlimmeres als all das, was ich hier erlebe, kann mir nicht mehr passieren. Ein menschenwürdiges Leben ist in diesem Land unmöglich geworden. Ich folge meinem Herzen, es hat mich fast immer gerettet. Ich habe nicht viel Zeit, ich muss mich auf den Weg machen.»

Seine Sätze trafen mich wie die Schläge meiner Mathelehrer: schnell, hart und unerwartet.

«Falls wir uns nicht wiedersehen, richte bitte unserem Freund Sadik herzliche Grüße von mir aus», fügte er hinzu.

«Das meinst du doch nicht ernst?», sagte ich leise.

«Aber natürlich. Meinst du, es sei jetzt passend, Scherze zu machen? Überlegs dir heute Abend, bis morgen Mittag bin ich zu Hause, falls du deine Meinung änderst.»

Dann umarmte mich Meran und ging, kalt und langsam, wie in Zeitlupe, kam es mir vor.

Das Schwarze verbreitete sich weiter über die Stadt, die Dattelpalmen waren schwarz verschleiert, alles war schwarz. Als der Physiklehrer uns die Farbenlehre beigebracht hatte und wir kein Schwarz sahen auf der Tafel, sagte er: «Schwarz ist keine Farbe.» Er hatte recht. Vielleicht war Schwarz keine Farbe, sondern ein Gefühl, ein Vorhang, der zwischen uns und die Welt gezogen wurde.

Aber wieso standen so viele Soldaten in der Nähe unseres Hauses? Wir besaßen weder Autos noch Benzin. Je näher ich unserer Haustür kam, desto rasender klopfte mein Herz. Dann sah ich, dass sie eine Luftabwehrkanone auf dem Dach unseres Nachbarhauses, einem Haus der Partei, aufgestellt hatten.

Das Haus gehörte eigentlich nicht der Regierung, sie hatten es 1984 konfisziert. Es war Winter, kurz nach dem Abendessen standen eines Tages zwei Autos des Sicherheitsdienstes vor diesem Haus. Vor solchen Autos hatte die ganze Bevölkerung Angst. Wo sie auftauchten, verstummte jedes Gespräch, die Arbeit wurde liegen gelassen. Fünf Männer waren aus den beiden Autos gestiegen, zivil gekleidet, aber mit gut sichtbaren Pistolen, die zeigten sie gerne. Die Nacht war besonders hell, aber die Sterne leuchteten wie die Tränen in den Augen der Frauen, wenn ihre Männer zurück in den Krieg gingen. Jeder Versuch meiner Mutter, uns Kinder vom Fenster fernzuhalten, misslang. Immerhin löschte sie das Licht im Zimmer. Ich war damals etwas über dreizehn, hatte aber bereits viel Weltliteratur gelesen. In jener Nacht wurde mir klar, dass die tragischen Geschichten nicht bloß in der Welt der Literatur und Fantasie, sondern auch im Leben, sogar vor der eigenen Haustür stattfinden konnten.

Wir hörten Schreie aus dem Haus unserer Nachbarfamilie und wie die Mutter flehte: «Bitte, lasst mich diesen Koffer mitnehmen. Er enthält nur ein paar Kleider für die Kinder. Lasst ihn uns bitte mitnehmen.» Die Stimmen der Sicherheitsmänner waren grob, kurze Sätze, manchmal nur ein Wort. «Was zum Irak gehört, muss im Irak bleiben.» Sie hatten die Familie nur mit dem, was sie am Leib trugen, mitgenommen. Beim Losfahren hatten die Räder des einen Autos durchgedreht, die Spuren auf der Straße waren noch nach einer Woche sichtbar.

Später erfuhren wir, dass unsere Nachbarn im Gefängnis waren, weil sie iranische Wurzeln hatten. In den Siebziger- und Achtzigerjahren wurden die Iraner in den Iran zurückgeschickt, auch wenn sie im Irak geboren waren und einen irakischen Pass besaßen. Danach steckten sie jahrelang an der Grenze fest, denn die iranische Regierung behandelte sie als Iraker, die nicht zum Iran gehörten. Lange Zeit ging meine Mutter ihren Garten bewässern und die zurückgebliebenen Hühner füttern, bis das Haus schließlich von der Regierung übernommen wurde. Im Quartier gingen schnell Gerüchte um, dass die Familie ihr Vermögen im Garten vergraben hätte, bevor sie verschleppt wurde.

«Wozu braucht man sonst eine Schaufel in der Nacht? Sie hatten beim Nachbar eine ausgeliehen», fragte meine Mutter misstrauisch.

«Davon will ich nie mehr etwas hören. Nehmen wir an, dass sie wirklich ihre verdammten Wertsachen in ihrem Garten vergraben haben. Was betrifft uns das? Was haben wir damit zu tun? Warum sollte uns das etwas angehen? Kein Wort mehr davon!», antwortete mein Vater wütend.

So beendete er oft einen Dialog. Gespräche mit ihm waren wie ein Gang über ein Minenfeld, bei jedem Schritt musste man eine Explosion gewärtigen. Er verbot ihr, den Garten weiterzupflegen und die Hühner zu füttern. Es beschäftigte lange meine Fantasie, ob die Nachbarn das tatsächlich getan hatten. Dachten sie, dass sie irgendwann heimkehren würden?

Die Zeit verging, und der Krieg hinterließ viele Narben im Quartier. In das Haus zog die Regierungspartei ein, und die zwei schönen Dattelpalmen im Garten wurden ausgerissen. Ständig standen Autos des Militärs und des Sicherheitsdienstes davor und waren Kriegslieder zu hören, als ob sie in unserem Garten gespielt würden.

Ab diesem Zeitpunkt begann ich, heimlich Tagebücher zu führen, die ich aber regelmäßig vernichtete aus Angst, erwischt zu werden. In einem dieser Hefte, die ich zusammen mit kleinen Holzstücken unter irgendeiner Pfanne irgendeines Abendessens verbrannte, stand der Satz: «Die arabische Sprache hat zahlreiche Synonyme für Heimat. Für mich ist der Krieg das Einzige, das zu meiner Heimat passt. Die friedlichen Räume im Leben wurden immer schmaler. Es ist so schlimm, dass etwas Gutes im Leben, egal, wie klein es ist, wie ein Wunder wahrgenommen wird.» Auch andere Einträge aus dieser Zeit zwischen 1990 und 1992 erinnere ich, einer trug den Titel «Geburtstagsgeschenk», ich hatte ihn Meran einmal vorgelesen: «Sommer 1990, mein Cousin Maher ist zwanzig Jahre alt geworden. Heute Morgen haben sie ihm eine Uniform, Stiefel, Helm und eine Kalaschnikow gegeben: ‹Du gehst nach Kuwait, um dein Vaterland zu verteidigen›, sagte ihm ein Hauptmann. Vor dem zentralen Haus der Partei haben wir, meine Großeltern, meine Tante Amal und ich, gewartet. Beim Abschied hat ihm seine Mutter etwas ins Ohr geflüstert. Ich wollte wissen, was es war, aber ich habe mich geschämt nachzufragen. Ihn selbst konnte ich auch nicht fragen, weil er nie mehr zurückgekehrt ist.»

Gegen Ende des Krieges bereute ich es manchmal so sehr, dass ich Meran nicht begleitet hatte, dass es mich sogar zum Weinen brachte. Warum dachte ich damals eigentlich, Saddams Ende sei nah und wir sollten im Land bleiben? Was mir damals gar nicht auffiel, die Liebe zur Heimat, ist heute Teil meiner Identität geworden. Nichts außer dieser Liebe hatte mich dort festgehalten.

Und bis heute vermisse ich die winterliche irakische Sonne oder ihren Schatten unter den hohen Dattelpalmen im Sommer.

1991, kurz vor dem Ende des Zweiten Golfkriegs Ende März erlitt die irakische Armee mit dem Abzug aus Kuwait eine schwere Niederlage, und das ganze Land wurde gnadenlos bombardiert. Sämtliche Brücken, Elektrizitätswerke, die Industrie und die Autobahnen lagen in Schutt und Asche. Die vierhundert Kilometer lange Hauptstraße von Bagdad in den Süden wurde «Straße des Todes» genannt, im Süden selbst herrschte Chaos, die bewaffneten Mitglieder der Regierungspartei versuchten, die Macht des Regimes aufrechtzuerhalten, das Volk randalierte und brannte die Häuser von Staat, Partei und Parteimitgliedern nieder. Nach zwei Tagen war das Regime Saddams beseitigt, auf dem Fuß folgten Raub und Plünderungszüge, Banden hatten sich gebildet, sie stürzten sich auf das Eigentum des Regimes und machten weder vor Schulen und Bibliotheken noch vor Gemeindezentren halt. Die Verbindung mit Bagdad war tot, die Elektrizität unterbrochen, die Telefonnetze lahmgelegt, Benzin gabs keines mehr. Überlebende Soldaten aus dem Kuwait marschierten barfuß durch Dörfer und Städte im Süden, einige hatten ihre Kalaschnikows gegen ein Stück Brot oder eine wärmende Jacke eingetauscht. Frauen und Männer bedrängten die Marschierenden, zeigten ihnen Bilder von Angehörigen und wollten wissen, ob sie noch am Leben waren. Tausende Gerüchte schwirrten herum, «Saddam und seine

Familie erhielten Asyl in Moskau!», «Saddam hat sich umgebracht!», «Saddam hat die Kontrolle über Bagdad verloren.»

Eine ungeheure Dunkelheit lag über Al Nassirija, sie erstickte unter einem grauen, dicken Nebel. In der Ferne leuchtete manchmal ein bleiches Licht auf und erlosch gleich wieder. Fremde Autos ohne Nummernschilder durchquerten die Stadt, Gerüchte wollten wissen, die Nationalgarde sei mit einer Panzereinheit von Bagdad in den Süden unterwegs. Auf den Mauern der Stadt standen Sätze wie «Der Islam ist die Lösung» oder «Die Zeit der Rache ist da».

Ich blieb zu Hause, las oder spielte mit dem achtjährigen Ali. Zwei Spiele liebte er. Beim ersten schlüpfte er in die Rolle des Verkäufers eines Gewürzladens, und wir, seine Geschwister, waren seine Kunden. Er hatte vor sich verschiedene Haufen von Sand, Laub, Heu und anderem, und jeder Haufen war ein anderes Gewürz. Es nervte ihn, wenn wir darüber lachten, und am meisten lachten wir über seine kleinen Karten, auf denen die Namen der Gewürze stehen sollten. Entweder spielten wir ernsthaft oder gar nicht, fand er und überzeugte uns, dass ein Spiel nichts war, wenn man es nicht ernsthaft betrieb. Das andere Spiel bestand darin, kleine Zweige im Garten zu sammeln und damit einen Turm oder ein Haus zu bauen. Bei diesem Spiel waren nicht nur die Zweige unstabil, sondern auch wir, mit dem Zusammenbruch der Häuschen erwarteten wir gleichzeitig den Zusammenbruch unseres Lebens damals im Irak.

Nachts las ich Franz Kafkas Werke in einer arabischen Übersetzung. Es hat wie ein Betäubungsmittel funktioniert. Als es keinen Strom mehr gab, bauten wir aus Abfällen eine Öllampe: Eine leere Flasche, ein Stück Stoff und ein wenig Öl ermöglichten mir das Lesen in der Nacht. Einmal kam meine Mutter ins Zimmer und schrie wie eine Verrückte: «Was machst du, hast du dein Gesicht gesehen?» Im Spiegel sah ich, dass der Ruß mein Gesicht schwarz gefärbt hatte.

Manchmal half ich meiner Mutter, Holz zu sammeln, das halbe Quartier machte sich auf den Weg zum Stadtrand auf der Suche nach etwas Brennbarem. Oft gab es Streit, wer ein Stück Holz zuerst gesehen hatte. Die Bauern mussten ihre Bäume bewachen, damit sie nicht abgeholzt wurden, in der Nacht wurden viele Bäume gestohlen. In einem nahegelegenen Park blieb nur der große Sidarbaum stehen. Niemand wagte es, ihn zu anzurühren.

Zwei Tage nach den Gerüchten tauchte eine neue Armee auf, Saddams Elite. Sie sollte die Aufstände bekämpfen und den Süden wieder unter die Kontrolle Saddams bringen. Ich war noch keine zwanzig Jahre alt. Ihre Fahrzeuge und Uniformen glänzten, es wirkte auf mich wie eine militärische Großveranstaltung und nicht wie ein Krieg gegen die Rebellen. Sie marschierten mit viel Tumult ein, schossen umher, die Panzer fuhren rücksichtlos durch die Straßen und vernichteten, was sich ihnen in den Weg stellte. Sie durchsuchten die Häuser. In unserem Haus durchwühlten sie alle Schränke. Es war glücklicherweise nichts dabei, was ihnen als Beweis eines Verrats hätte dienen können.

Es gab fast keine Rebellen mehr in der Stadt, als ich das Haus verlassen musste, um im Spital Medikamente für meine Großmutter zu besorgen. Die Rebellen hatten ihre Familien ihrem Schicksal überlassen, einige waren in der Stadt geblieben, hatten ihre Waffen in den Fluss geworfen und zu Hause auf die weiteren Entwicklungen gewartet. Als ich Schüsse hörte, schien es mir nicht mehr sicher, in die Stadt zu gehen, und so kehrte ich auf halbem Weg um.

Die Angst beherrschte nicht nur die Menschen, sondern auch die Tiere. In der Nähe der Hauptstraße, auf der am meisten Soldaten mit schweren Waffen und Panzern unterwegs waren, erblickte ich einen Hund, der sich unter die Treppe eines alten Hauses verkrochen hatte. Seine Augen waren voller Angst und Fragen wie die des kleinen Ali. Ich kann mich gut erinnern, wie groß sie waren, aber ich weiß nicht, ob er sie zusammenkniff, als die Soldaten auftauchten und mich auf offener Straße zu schlagen begannen.

«Verräter! Feigling! Wo warst du? Was machst du hier? Für wen arbeitest du?», schrie ein Soldat mich an. Jähzornig kamen die Worte mitsamt seiner Spucke aus seinem Mund geschossen, ein anderer schlug mich mit dem Schaft seines Gewehrs. Ich versuchte, mein Gesicht mit meinen Armen und Händen zu schützen und mich so klein wie möglich zu machen, um dem Angriff möglichst wenig Fläche zu bieten. Ich sagte wiederholt:

«Ich bin kein Rebell. Ich bin ein Student aus Bagdad. Mein Ausweis ist zu Hause. Ihre Kollegen haben mich freigelassen, damit ich Medikamente holen kann. Glauben Sie mir!»

Sie trieben mich vor sich her nach Hause, wo sie im Garten meinen Ausweis kontrollierten. Unterwegs musste ich mehrmals laut rufen: «Heil unserem Helden Saddam, der die Verräter und die Amerikaner vernichtet.»

Zu Hause war niemand außer meiner Großmutter. Ein Offizier konfiszierte meinen Ausweis und warf ihn in eine Tasche, er stand genau neben dem großen Blech, das meine Mutter für die beiden Enten hergerichtet hatte.

«Nimm ihn mit!», befahl er den beiden Soldaten. Meine Großmutter stand vor der Haustür, schweigend bewegte sie leicht ihren Kopf nach vorne und wieder zurück. Ich wusste, sie betete. In schwierigen Zeiten hat sie immer gebetet und fest geglaubt, dass die Gebete halfen, das Unerträgliche zu ertragen. Wie oft tröstete sie mich, wenn sie mich betrübt sah: «Bete, mein Junge, Allah wird dich hören, und irgendeine Hand wird dich retten». Ihr Gesicht strahlte eine innere Kraft aus und wirkte auf mich wie ein Schutz gegen das Böse.

Die Soldaten hatten mich absichtlich vor den Augen meiner Großmutter geprügelt. Sie hatte Augenkontakt zu mir gesucht, ich verstand ihren Blick, spürte, wie ihre Seele litt, und hatte Angst, dass sie dabei sterben würde. Als sie mich mitnahmen, schaute sie mich an, als würde sie mich zum letzten Mal sehen.

Jene Leute konnten mit uns machen, was sie wollten. Aus dem Nichts erhielt ich einen Schlag ins Gesicht. Der Geschmack des Blutes blieb lange auf meinen Lippen. Außerhalb unseres Grundstückes kamen weitere Soldaten auf uns zu, und ich sah unsere Nachbarin, eine schöne junge Dame, die meinen Bruder verwirrt hatte.

«Weißt du», erzählte er mir einmal, «wenn ich sie sehe, vergesse ich die Sprache und verliere die Kontrolle über meine Beine. Einmal habe ich sie mit einem ‹Guten Morgen› begrüßt, obwohl es acht Uhr am Abend war. Peinlich.»

«Vielleicht hast du ihre Wärme gespürt und dachtest, die Sonne sei aufgegangen?», entgegnete ich.

Die Straße schien mir endlos, bis ich den Befehl erhielt, mich hinzusetzen. Ich sah viele junge Männer, aber auch ältere, entlang der Straße sitzen, in fünf bis sieben hintereinanderliegenden Reihen. Alle mussten ihre Hände über den Kopf halten. Ich konnte meinen kaum berühren, da er schmerzte. Die Soldaten marschierten um uns herum, aus der Stadt waren Schüsse und Raketen zu hören.

Frauen und Kinder wurden auf einem flachen Gelände neben der Hauptstraße zusammengetrieben. Die Männer, auch minderjährige, wurden auf große Wagen geladen und abtransportiert. Dann mussten die Reihen nachrücken. Die Soldaten schlugen uns mit Stöcken und spuckten uns an. «Seid still!», schrien sie ständig, obwohl niemand von uns wagte, ein Wort zu sprechen. Ich sah, wie sie einen Mann Mitte fünfzig brutal zusammenschlugen, weil er sich die Spucke mit seinem Oberarm aus dem Gesicht gewischt hatte. Ein Soldat trat mit seinem Fuß auf den Kopf des Mannes und verlagerte sein Körpergewicht, als ob er einen Zigarettenstummel ausdrückte. Sie packten ihn und warfen ihn ins Auto wie einen Abfallsack. Ich wagte nicht, die Fliegen, die um das getrocknete Blut in meinem Gesicht schwirrten, zu verscheuchen.

Zwischen mir und der Ladefläche befanden sich nur noch circa fünf bis sechs Reihen. Je näher ich rückte, desto größer wurde meine Angst. Ein junger Offizier rauchte seine Zigarette und ließ uns nicht aus den Augen. Er diskutierte mit einem befehlshabenden Leutnant, ob er zwei Rebellen auf der Stelle erschießen lassen solle. «Ja!», sagte der Alte, ohne lange zu überlegen.

Während des Wartens mussten wir wiederholt «Heil dem Präsidenten Saddam und Heil der Partei» rufen. Dann wurde es plötzlich laut unter den Soldaten und Offizieren, ihre Bewegungen wirkten hektisch und verwirrt. Die Schreie der Frauen und Kinder auf der anderen Straßenseite wurden lauter. Viele Männer in den Reihen versuchten heimlich einen Blick auf das Feld zu werfen in der Hoffnung, ihre Angehörigen zum wahrscheinlich letzten Mal zu sehen.

Ein hoher Offizier stand uns allen gegenüber und starrte uns an. Er befahl einigen aufzustehen und näherte sich meiner Reihe. «Du, steh auf!», herrschte er mich an. Ich reagierte blitzartig und sprang auf die Füße. Ich hatte das Gefühl, dass meine Arme mir nicht mehr gehörten. Wir waren ungefähr zwanzig Männer verschiedenen Alters; jetzt schrie der Offizier: «Geht zur anderen Seite! *Haiwanat,* Tiere!» und deutete mit seiner Hand auf das Feld, wo die Frauen und Kinder warteten. «Wir kommen auf euch zurück, wenn die Wagen wiederkommen. Schnell! *Jaleh,* bewegt euch!»

Wir rannten zur anderen Seite. Die Frauen und Kinder hatten sich nach Familien, Quartier und Straßen gruppiert. Ich traf meine Tante mit ihren zwei Kindern, und sie halfen mir, meine Familie zu suchen. Eine Gruppe alter Frauen hatte sich erschöpft neben einer Palme auf den Boden gesetzt und betrachtete schweigend das Geschehen. Sie waren still wie bei einem Freitagsgebet in der Moschee. Dieses Bild verfolgte mich noch lange.

«Dort!», rief Tante Amal. «Sie sitzen dort!»

Meine zwei Brüder und zwei Schwestern saßen nebeneinander. Ali sah extrem bleich aus und schaute mich mit großen Augen an.

«Was ist mit deinem Gesicht passiert?», fragte er mich ängstlich.

Meine Mutter saß auf einem Stein. Schweigend begann sie das Blut aus meinem Gesicht zu wischen, ihre Hände waren ganz kalt. «Oh Gott, was ist schon wieder passiert?» Sie deutete auf den Platz im Gras neben ihr, dann umarmte sie mich und fühlte meine Stirn. «Gott sei Dank, du hast kein Fieber.»

Ich roch ihre Angst und weinte im Stillen mit. Meine Tante schloss uns beide in ihre Arme. «Allah helfe uns», murmelte sie und begann einen Vers aus dem Koran zu sprechen.

«Was ist mit dir passiert? Haben sie dich geschlagen? Hast du die Medikamente zu deiner Großmutter gebracht?», fragte mich meine Mutter.

«Ja, ich wurde geschlagen, aber ich habe keine Medikamente holen können. Großmutter ist zu Hause zurückgeblieben. Frag mich nicht weiter, bitte.»

«Wohin bringen die Autos diese Männer?», wollte meine Tante wissen, aber ich wusste es selber nicht.

Kurz vor Sonnenuntergang, der Himmel hatte sich allmählich aufgeklärt, wurden wir von den Soldaten gruppenweise wie Vieh in die Stadt getrieben und dann plötzlich laufen gelassen. Auch mein Vater war verhaftet worden, er hatte ein Riesenglück; sie hatten ihn verhört, aber in der Nacht wieder freigelassen.

Sie erschossen alle Rebellen. Vier Personen, die eine Führungsposition hatten, wurden in einem Stadtgarten erschossen und anschließend drei Tage lang an einem Strommast hängen gelassen. Was mit den Männern auf den Ladebrücken geschah, erfuhr ich erst im Asylheim im Kanton Aargau im April 2003, als die Amerikaner den Irak eroberten. Als ich Saddams Denkmal in Bagdad stürzen sah und die jungen Menschen dessen Kopf auf die Straße rollten, fühlte ich mich zum allerersten Mal frei. Es war eine Art seelischer Befreiung, ein unvergesslicher Augenblick, auf den ich wie die meisten Iraker so lange gewartet hatte. Und es war ein Gefühl voller Widersprüche. Ich freute mich über den Sturz der

Diktatur, und gleichzeitig spürte ich die Bitterkeit, dass meine Heimat von so vielen Soldaten und Panzern überrollt wurde.

Zwei Wochen nach dem Sturz Saddams entdeckten Iraker auf einem Gelände in der Wüste nahe den Altertümern von Babylon mehrere Massengräber, Hunderte von Leichen, junge Menschen, die während der Diktatur ermordet wurden und zum Teil bei lebendigem Leib begraben worden waren. Eine Dokumentation auf CNN zeigte Zivilisten, die versuchten, Kleiderfetzen und verrottete Papiere aus dem Sand zu fischen. Ein junger Mann forderte die amerikanische Armee auf, die Massengräber zu untersuchen und der Bevölkerung zu helfen, die Opfer zu identifizieren. Andere Sendungen zeigten Leute in einem Café in Bagdad, die Shisha rauchten und sich das größte Verbrechen des Saddamregimes unbeteiligt anschauten.

Ich habe die Zeiten der Kriege erlebt und kenne das Gefühl, wie das Herz aus der Brust zu springen droht, wenn sich eine Explosion in der Nähe ereignet. Die Angst und die Hilfslosigkeit sind mir schon lange vertraut. Trotzdem, als ich im Fernsehen einen jungen irakischen Mann sah, wie er auf dem Gelände des Massengrabes Knochenreste in einer Plastiktüte sammelte, konnte ich mir nicht vorstellen, was er dabei fühlte. Was machte er mit dieser Tüte? Nahm er sie mit in sein Auto, platzierte sie auf dem Beifahrersitz und betrachtete sie als eine vermisste Person? Hatte er beim Sammeln auf die Anzahl und die Art der Knochen geachtet?

Knapp zwei Wochen vor Weihnachten 2003 zeigte sich der Zivilverwalter für den Irak, Paul Bremer, stolz im offiziellen irakischen Fernsehen: «Ladies and Gentlemen, we got him.» Er hatte für die Neuigkeit nicht nur die irakische, sondern auch die internationale Presse eingeladen. Ein Teil der irakischen Journalisten begann zu weinen. Andere schrien religiöse Slogans, die in keinem Zusammenhang zur Sache standen. Der große Bildschirm hinter Bremer zeigte Saddam; das Erste, was man sah, waren seine dreckigen Schuhe. Dann fuhr die Kamera langsam hoch, bis man sein Gesicht mit dem zerzausten Bart sehen konnte. Er war schockiert, als ein amerikanischer Soldat seinen Mund untersuchte. Ja, das war er, er war es tatsächlich, dachte ich mir, während ich Bremers Lachen neben dem finsteren Gesichtsausdruck Saddams betrachtete.

Was für eine Szene! Wer im Irak hätte je gedacht, dass Saddam einmal einem Soldaten, der Handschuhe trägt, seinen Körper zur Untersuchung überlassen musste? Wie konnte es sein, dass dieser furchtbare Herrscher sich einem gewöhnlichen Soldaten beugen musste? Ich war im Asylantenheim, und als ich das Fernsehzimmer verließ, begegnete mir ein netter afrikanischer Mitbewohner. Er lächelte mich an, und sein Lächeln tat mir zutiefst wohl. Ich schloss die Tür meines Zimmers und versuchte, das Ganze zu begreifen.

Mein Telefon klingelte.

«Hast du die neue Frisur gesehen? Voller Läuse!», fragte Bilal lachend.

«Ja, das habe ich. Diese Ratte! Jetzt weiß ich nicht, ob ich lachen oder weinen soll», erwiderte ich.

«Mach, was du willst, jetzt sind wir frei!» Er hängte auf.

Wie viele andere Iraker dachte auch ich, dass die Zeit der Bitterkeit endlich vorbei sei. Ich glaubte, dass es nicht mehr als ein paar Monate dauern würde, bis ich in meine Heimat zurückkehren könnte. In meine Heimat, zu meiner Familie, zu meinen Freunden, zu meiner Universität und zu den Dattelbäumen vor meinem Fenster. Wie sehr vermisste ich ihre einzigartige Schönheit und ihren kühlen Schatten, wenn mich die irakische Sonne an die Grenze meiner Kräfte brachte.

So einfach war es aber nicht. Fünfzehn Jahre ist der Sturz Saddams her. Doch was ist aus dem Irak geworden?

Vor ein paar Monaten sprach der irakische Außenminister auf einer Konferenz in Bagdad über die alte irakische Zivilisation. Mesopotamien und die Zeugen seiner Kultur präsentierte er auf großartige Weise. Ich verstand nur nicht, was das mit der jetzigen irakischen Identität zu tun haben sollte. Er war genau wie Saddam, er ähnelte ihm in seiner Arroganz. Viele Iraker hatten nie ein anderes Vorbild als Saddam, sie sahen nie etwas anderes. Sie ahmten ihn in seinem Gehen, Lachen und allem nach, und dieser Außenminister gehört zu dieser Generation, die von Saddam geprägt worden war. Egal, wo man sich befand, von 1980 bis 2003 hatte man immer ein Bild von Saddam vor sich. In jedem Gebäude, Lokal und Raum musste sein Gesicht hängen. Mal als Zivilist mit einem Hut auf dem Kopf, mal als Baustellenmitarbeiter, als Kämpfer, hin und wieder kurdisch gekleidet, auch als Betender, Teetrinker oder am Telefon. In Parks und Jugendzentren hantierte er mit einer Pfanne, während eine Frau ihn mit leeren Augen anschaute. Waffentragend, im Tigris schwimmend und in den Unis tanzend oder lachend, und wo er lachte, lachte das Weiß seiner Zähne die schwarzen südirakischen Tage aus.

Diese Zeit war für mich wie ein riesiger Mörser, in dem mein Leben zermahlen wurde. Das Pulver der Vergangenheit bewahre ich immer noch auf, ab und zu schaue ich es an, ganz vorsichtig ziehe ich meinen Finger zurück, damit ich seinetwegen nicht nochmals leiden muss. Die jetzige Situation im Irak lässt etwas in meinem Herz brennen. Zwischen vierhundert- und sechshunderttausend Menschen, so schätzt eine amerikanische Statistik, sind im Irak seit 1980 verschwunden, die Hälfte davon junge Menschen wie Ali. Der Bürgerkrieg von 2005 bis 2007 hat sie verschluckt. Der Mensch im Irak ist eine Zahl geworden, eine stumme, traurige Zahl ohne Geschichte, ohne Träume, die hin und wieder in der Presse auftaucht.

Warum sehne ich mich so nach meiner Heimat? Hatte meine Mutter meine Nabelschnur an den Ast einer Fichte gehängt? Wieso weigerte sich Ali, Bagdad zu verlassen?

Wenn mich die Sehnsucht nach Ali packt oder das Heimweh die Grenze des Erträglichen überschreitet, begebe ich mich auf Höhenwanderwege. Einheimische staunen, wenn sie mich auf den schmalen Wegen in den Bergen sehen, viele blicken zuerst auf meine Schuhe. Vielleicht fragen sie sich erst, was ich hier zu suchen habe, und dann, weshalb ich so gut ausgerüstet bin. Auch Leute, die mit Gehstöcken unterwegs sind und sich mechanisch wie Soldaten bewegen, grüßen mich höflich, meist sogar als Erste.

Nach jeder Wanderung kehre ich beruhigt und gestärkt nach Hause zurück und lege die Sehnsucht ab, wie ein Baum seine gelben Blätter dem Wind und der Erde überlässt. Nirgends wächst in mir das Gefühl von Sicherheit und Ruhe so sehr wie im Wald. Wieso stieg in mir damals im Irak die Angst hoch, wenn ich das Wort «Wald» nur schon hörte? Wieso hat unsere Kultur den Wald verteufelt und seine Schönheit und seinen Reichtum nicht geschätzt? Erst jetzt verstehe ich, wozu man das Wandern braucht und warum Frau Wunderlin vor vielen Jahren sagte, sie würde wandern, weil sie es liebe.

Sommerferien 2017. Kurz nach meiner Rückkehr aus dem Irak rief ich Bilal an, um mich mit ihm zu treffen. Seit er eine Schweizerin aus Chur geheiratet hat und mit ihr im Engadin lebt, haben wir uns kaum gesehen. Er hat zwar keine Kinder, aber trotzdem wenig Zeit. Er lebt zurückgezogen, und inzwischen führte er ziemlich genau das Leben, das er früher bei seiner Tante so hart kritisiert hatte. Er hat den Irak seit bald zwanzig Jahren nicht wieder besucht, auch als seine Mutter vor drei

Jahren starb, ging er nicht hin. Sogar die Beziehung zu seinem Bruder, der es 2011 schaffte, nach Schweden zu fliehen, hat er auf das Nötigste reduziert.

Wir verabredeten uns im «Eisenwerk» in Frauenfeld, meinem Lieblingslokal. Kaum hatte Bilal Platz genommen, zog er aus einer Tasche einen Blumentopf, bemalt mit schönen arabischen Lettern und einer kleinen Dattelpalme darin.

«Nimm, das ist für dich!»

Er schob den Topf zu mir hinüber. Ich betrachtete die Palme.

«Warum hast du mir die mitgebracht? Du weißt doch, was mit der letzten geschah.»

«Ja, ich weiß es, aber sie starb wegen der Kälte. Mir ist klar, dass du versucht hast, die Palme über den Winter zu bringen. Aber sie war für den Winterschock nicht bereit, ebenso wenig wie wir am Anfang in der Schweiz. Erinnerst du dich, wie wir hier das erste Mal im Schnee gelaufen sind? Als hätten wir in die Hosen gemacht.»

Ich konnte mir das Lachen nicht verkneifen. Es war wirklich peinlich, wie wir uns auf der Straße bewegten, ein Autofahrer zeigte uns sogar den Mittelfinger.

«Bilal, warum hast du mir diese Palme gebracht? Vielleicht stirbt sie ja auch, und ich muss die gleiche Leere wieder erleben.»

«Nein, nein, sie ist anders. Sie ist aus Süditalien. Sie hat europäisches Temperament und weiß ganz genau, woher sie Wärme beziehen kann. Ich glaube, sie wird lange leben. Nimm sie, bitte, du wirst es nicht bereuen, und mach mit ihr genau das, was dein Großvater mit den Dattelbäumen gemacht hat: Rede mit ihr.»

«Du bist verrückt! Worüber soll ich mit dieser kleinen Palme reden?»

«Ich weiß es nicht. Du hast in deinem Leben viel mehr mit Bäumen als mit Menschen geredet.»

«Die ist aber noch kein richtiger Baum.»

«Egal, sag dieser Palme, dass sie den Winter überleben wird und auch den Duft der Gewürze, die aus der Küche strömen.»

«Ich kann aber kein Italienisch.»

«Mach dir keine Sorgen. Sie hat bestimmt auch arabische Wurzeln, sie wird dich sicher verstehen, auch wenn sie stumm bleibt.»

Zwanglos mündete diese Unterhaltung in ein Gespräch über Heimat und Identität.

«Wieso hast du nochmals dein Leben riskiert? Ist Reisen in den Irak so wichtig für dich?», fragte mich Bilal.

«Ja, es ist für mich wichtig. Was soll ich dir jetzt sagen, meine Eltern und Geschwister leben dort, aber letztlich weiß ich auch nicht, was genau mich dorthin zieht.»

Wir schwiegen, bis wir den Tee leer getrunken hatten.

«Manchmal kommt es mir vor, als sei die Heimat etwas völlig Unrealistisches, wie eine paradiesische Frucht: selten, einzigartig, und egal, wie viel man davon hat, man hört nie auf, davon zu essen», sagte Bilal.

«Bilal, ich vermisse kleine Sachen aus der Heimat,

sehr kleine, und es ist schwierig für mich zu erklären, warum sie für mein Leben in der Fremde diese Bedeutung haben. Geht es dir auch so?»

«Du bist vor zwei Wochen aus dem Irak zurückgekommen und redest von vermissen? Willst du mir nicht lieber von deiner Reise erzählen?»

«Was soll ich dir erzählen? Im Irak sieht man die alte Diktatur noch überall, in Politik, Gesellschaft, Kultur, im Bildungssystem. Viele junge Menschen haben noch immer keine Arbeit. Sie versammeln sich an Straßenecken oder in Cafés und sprechen über Möglichkeiten, einen Job beim Militär oder beim Sicherheitsdienst zu finden. Ich hörte kaum jemanden, der über einen zivilen Beruf redete, über ein Handwerk oder was immer.

Kleine Sachen, winzig kleine, reichen aus, um dein Leben zu bedrohen. Drei Tage nach meiner Ankunft im Irak war ich mit meinem Vater und meinem Bruder unterwegs, um einen Arzt für meinen Vater zu finden. Er hat hohen Blutdruck und unstabile Blutzuckerwerte. Es war dreizehn Uhr und vierundfünfzig Grad heiß. Auf der Hauptstraße wurden wir an einem Checkpoint angehalten. Die Männer waren militärisch gekleidet, ihre Gesichter sah man nicht, da sie mit einem Schal und einer Sonnenbrille bedeckt waren. Einer von ihnen umkreiste unser Auto und hielt ein Gerät in der Hand. Das Gerät begann laut zu pfeifen, was bedeutete, dass etwas Verdächtiges in unserem Auto war. Wir mussten an den Straßenrand fahren. Wir standen etwas abseits wie ängstliche Mäuse, denn diese Soldaten verhaften nach Lust und Laune. Nachdem sie das Auto akribisch untersucht hatten, kam ein Offizier zu uns und erklärte, dass der Auslöser des Pfeifens drei handgemachte Seifen waren, die mein Bruder gekauft und im Kofferraum gelassen hatte. Schweigend schauten wir einander an. Zu Hause meinte meine Schwester, dass das Gerät zu Recht gepfiffen habe, denn wer auf dieser Welt sauber sein wolle, sei verdächtig.»

«Als ich das allererste Mal in der Schweiz auf der Autobahn war, es war mit dem Mann meiner Tante vor etwa achtzehn Jahren, nur ein paar Wochen nach meiner Ankunft in der Schweiz, wunderte ich mich, dass die ganze Strecke von Aarau bis nach Bern checkpointfrei war. Als ich es nicht mehr aushalten konnte, fragte ich ihn endlich, wieso uns niemand anhält. Er verstand mich nicht. Ich dachte, dass es an der Sprachbarriere läge und versuchte es nochmals. Er blieb einen Moment still, dann schüttelte er seinen Kopf und stellte das Radio an.»

«Auch das Familienleben im Irak ist kompliziert geworden. Ich wurde von meiner eigenen Familie anders behandelt, sie meinten es ja nicht böse, im Gegenteil, sie wollten um jeden Preis, dass es mir gut geht. Das hat mich aber genervt. Sobald ich den Raum betrete, wechseln sie das Gesprächsthema. Einmal kam meine kleine Schwester mit einem großen Tablett voller Wasserflaschen und sagte: ‹Die hier ist für Usama.› Als ich nach dem Unterschied der Wasserflaschen fragte, kam heraus, dass das Wasser für mich von der besten Qualität war und die Familie es sich nicht leisten konnte, es für alle zu kaufen. Ich weigerte mich, davon zu trinken, und wollte dasselbe Wasser wie sie. Sie fühlten sich aber beleidigt, weil sie schon vor meiner Ankunft einen ganzen Vorrat für mich gekauft hatten. Es hat mich irritiert, dass sie das Gefühl haben, dass jemand besser ist als sie, nur weil er an einem anderen Ort lebt.

Es gibt aber eine helle Seite, nämlich die neue Generation. Diese jungen Menschen, die unaufhörlich versuchen, Hindernisse zu bewältigen und Hoffnung zu schaffen. Wenn sich eine Explosion auf dem Schulweg ereignet, bleiben sie nicht zu Hause, sondern suchen sich einen anderen Weg zur Schule.»

«Wie konntest du überhaupt in den Irak und wieder zurückreisen? Mir ist bewusst, dass du nicht mehr auf der schwarzen Liste stehst, aber du schreibst viel Kritisches über die radikalen Parteien, die jetzt im Irak regieren. Hattest du keine Angst?», fragte Bilal.

«Doch, aber ich kann den Kontakt zum Irak nicht abbrechen. Ich halte ihn für etwas Selbstverständliches. Anfang 2008, als meine Familie die Suche nach Ali aufgegeben hatte, dachte ich, die Zeit sei jetzt reif, um mit der Heimat abzuschließen. Ich schaffte es jedoch nicht. Ein paar Wochen hielt ich durch, aber ich fühlte mich immer fremder, und irgendwann war mir klar, dass es ein Fehler war. Der Wechsel zwischen dem Irak und der Schweiz ist wichtig für mich. Er ist eines jener Elemente, die mein Leben in der Fremde bereichern. Natürlich könnte ich mir die zusätzlichen Sorgen aus dem Irak sparen, aber auf Kosten meiner inneren Ruhe.»

«Ja, Wurzeln zu entfliehen ist nicht möglich. Weißt du, wieso ich seit zwanzig Jahren den Irak nicht besucht habe?»

«Nein, ich weiß es nicht. Ich wollte dich eigentlich fragen, als deine Mutter starb und du nicht zur Beerdigung gegangen bist, aber ich habe mich nicht getraut.»

«Ich besuche den Irak nicht, weil ich Angst habe, nie mehr hierher zurückkehren zu können.»

«Du bist aber Schweizer, du kannst dich problemlos hin- und herbewegen.»

«Ich meinte nicht technisch. Ich denke, wenn ich noch einmal dort wäre, dann würde ich den Irak nie wieder verlassen wollen, und wenn ich dort bleiben würde, würde meine Seele leiden, weil ich die Schweiz auch nicht verlassen will. Ich liebe mein Leben hier. Es ist ein Dilemma, verstehst du?»

«Ja, ich verstehe es. Für mich ist die Situation etwas anders. Nach so vielen Jahren in der Fremde könnte ich mir nicht vorstellen, meine Familie, Freunde, Arbeit und alles, was ich hier in der Schweiz aufgebaut habe, wieder zu verlassen. Und nach einer Woche im Irak fragte ich mich bereits, was ich dort soll. Es ist alles anders geworden.»

«Gibt es Neuigkeiten über Ali? Ich habe vor Kurzem gehört, dass die Regierung ein Büro für Vermisste eingerichtet hat.»

«Nein, gibt es nicht, und auch dieses Büro ist nur ein Gerücht. Ich google noch immer seinen Namen. Zurzeit schreibe ich ein Buch über ihn.»

«Sehr gut, auf Arabisch oder auf Deutsch?»

«Ich schreibe wieder auf Deutsch. Es ist ein merkwürdiges Erlebnis, wenn man in einer fremden Sprache schreibt. Das habe ich auch beim ersten Buch gemerkt, das ich auf Deutsch geschrieben habe. Wenn ich auf Deutsch schreibe, empfinde ich die Zeit ein bisschen langsamer und intensiver, als wenn ich arabisch schreibe.»

«Interessant. Und wie fühlst du dich, wenn du auf Deutsch schreibst?»

«Cool, aber auf Deutsch zu schreiben macht hungrig. Ich weiß nicht, woran es liegt, ich bin ständig am Essen.»

«Oh ja! Ich habe jetzt auch Hunger.»

«Lass uns etwas bestellen.»

«Nein, Usama. Ich habe dir doch am Telefon gesagt, dass ich nicht länger bleiben kann. Meine Frau wartet auf mich in Zürich, und um neunzehn Uhr müssen wir wieder in Chur sein.»

Wir umarmten einander.

«Kommt uns einmal besuchen! Wir haben die allerschönsten Wanderwege der Schweiz», sagte er grinsend und verließ das «Eisenwerk».

Auf dem Weg nach Hause dachte ich weiter über Heimat nach. War die Ungewissheit über meinen Bruder nicht dieselbe Ungewissheit wie über meine Heimat? Warum konnte ich mich nicht aus dieser Abhängigkeit befreien? War meine Heimat wichtig für mein Leben hier in der Schweiz? War sie ersetzbar, konnte die Schweiz ihren Platz einnehmen?

Ich trug meine kleine Palme und nahm den Lindenweg entlang der Murg. Ich liebe die hohen Bäume an beiden Flussufern. Jedes Mal, wenn ich diesen Weg gehe, komme ich als ein anderer Mensch nach Hause. Jedes Mal zähle ich die Bäume und sage zu jedem ein Wort.

War mein Leben in der Schweiz wirklich besser als irgendwo anders? Was machte mein Leben hier reich? Ich begann den Reichtum meines Lebens hier in der Schweiz mit den Bäumen zu besprechen. Diesmal sprach ich Sätze statt Worte:

Dass ich Familie, Freunde und Arbeit habe und dass der Mensch wertvoll ist, egal welcher Familie, Nationalität und Kultur er angehört.

Dass die Arbeit wie ein Glaube ist: Du musst ihr alles geben, damit sie dir einen Teil von sich gibt – dann wirst du glücklich, das Glück besucht keine faulen Leute.

Dass die Liebe zum Wald für mich eine Bereicherung geworden ist, die mich glücklich macht, und dass es mir keine Angst bereitet, zwischen Bäumen zu spazieren.

Dass meine Zeit, meine Mühen, meine Ideen und mein Körper mir gehören und ich der Herr in meinem Leben bin.

Ich lernte hier die Liebe zu der Stadt, in der ich lebe, kennen. Ich lernte, meine Fehler zuzugeben und Nein sagen zu können.

Vergessen habe ich auch viel in der Schweiz, beispielsweise, dass eine Straße an anderen Orten gesperrt ist, wenn ein Regierungschef vorbeifährt. Dass der Brief, den ich am Postschalter abgebe, verloren gehen kann.

Ich habe auch vergessen, dass es für einen qualifizierten Flüchtling unmöglich ist, in der Schweiz so Fuß zu fassen, wie er es wünscht. Es ist schwierig, in einem System, wo alles dicht verknüpft und verbunden ist, eine Lücke zu finden, in die ein Fremder hineinschlüpfen kann.

Am nächsten Morgen stand ich früher auf. Der Blick auf die kleine Palme in seinem Topf erinnerte mich an die vielen Dattelbäume in meinem Leben im Irak und das Tanzen der Vögel zwischen den Palmwedeln, die so lebhaft sangen und huschten, wenn man in die Dattelbaumwälder ging.

«Es freut mich, dich jeden Morgen zu sehen», sagte ich ihr auf Arabisch und richtete für sie einen festen Platz auf dem Balkon ein.

Der Baum des Traums

Manche Tage sind fad und langweilig. Sie ähneln einem Essen, das in Eile zubereitet wird, und egal, wie viel Gewürz man hinzugibt, es ist nicht mehr zu retten. An solchen Tagen kann mich nichts anderes aufmuntern, als einen neuen Spazierweg im Wald zu finden oder einen guten Freund zu treffen. Ich habe immer großes Glück gehabt, gute Freundschaften schließen zu können, dank ihnen habe ich in meinem Leben viel erreicht, auch in der Schweiz. Gute Freunde sind wertvolle Geschenke; man soll sie mit Dankbarkeit annehmen und schätzen.

Im Irak gingen mein Freund Meran und ich an den schwer erträglichen Tagen – Meran nannte diese Tage «Gefängnissuppe: komisch und geschmacklos» – die Ufer des Euphrat entlang. Wir träumten dort intensive Träume von einem freien Leben, das wir für immer haben würden. Und um Distanz zum realen Leben zu schaffen, begannen wir, die Zeit in anderen Dimensionen zu betrachten. Meran ließ sie mit seiner Musik verschmelzen, wenn er Geige spielte. Ich träumte die Zeit wie das Schreiben an einem poetischen Text, die Buchstaben als Sekunden, die Worte als Minuten und die Sprache als die ganze Zeit.

Die Flucht in die Träume funktioniert aber nicht immer. Die letzten zwei Wochen im Dezember 2017 waren für mich extrem schwierig, obwohl der Alltag seinen normalen Gang ging. Meine Arbeitstage verliefen ganz normal, ebenso mein Leben mit meiner Frau und meinen Kindern. Ich schrieb fleißig an verschiedenen Projekten auf Arabisch und auf Deutsch. Trotz allem beherrschte mich ein intensives Gefühl des Fremdseins. Mein Leben in der Fremde erinnerte mich an Alis Hausbau mit den Zweigen. Man konnte bauen, aber es blieb labil und konnte jederzeit einstürzen.

Ich fühlte mich unnütz wie ein gestrandetes Boot in der Wüste. Der Dezember machte es nicht einfacher, die Adventssonntage und die Adventskalender der Kinder und die ganze Vorbereitung auf Weihnachten waren mir auch nach der langen Zeit in der Schweiz noch immer fremd, etwas, was mich gefühlsmäßig ausgrenzte.

Am 20. Dezember beschloss ich, im abendlichen Dämmerlicht durch den Wald von Frauenfeld nach Winterthur-Wülflingen zu gehen, obwohl der Kälteeinbruch in diesem Jahr markant war. Eine scharfe Bise strapazierte meine Seele, und alle bösen Geschichten über den Wald in der irakischen Kultur fielen mir ein. Ich hörte die Stimme meiner Großmutter, die erzählte, ein Baum in der Natur würde lebendig und könnte einen Menschen würgen, sobald die Nacht einbreche. Ich war erstaunt, welch starke Spuren Menschen bei anderen hinterlassen konnten.

Die Sonne ging unter. Ich sah eine kleine Feuerstelle und beschloss, ein Feuer zu machen. Ich setzte mich ganz nah an die Flammen und beobachtete jeden einzelnen Ast, wie er knisterte und schließlich zu Asche wurde. Das war die Spur, die das Holz hinterlässt. Was waren Alis Spuren?

Ich hatte nicht viele Briefe von ihm erhalten. Vor zwei Wochen hatte ich alle meine Papiere zu Hause noch einmal durchsucht in der Hoffnung, etwas Neues von ihm zu finden. Immerhin fand ich eine Karte, worauf er mir E-Mail-Adresse und Telefonnummer geschrieben hatte. Auf der Vorderseite war eine alte irakische Brücke zu sehen, auf der Rückseite hatte er zwei Sätze geschrieben: «Brücken sind wie Träume, beide verleihen uns das Vertrauen und den Willen, ans andere Ufer zu kommen. Ich liebe es zu träumen, so kann ich die Schwierigkeiten meines Lebens bewältigen.»

Ich rezitierte die Sätze am Feuer, zweimal hörte ich das Echo davon. Sonst war alles still, nur das Feuer knisterte.

Meine Schwester Luma hat die meisten Erinnerungen an Ali. Sie war drei Jahre jünger als er, und sie besuchten dieselbe Primarschule, eine dicke Freundschaft verband sie. Er soll sie immer unterstützt haben, wenn sie von den anderen Kindern gehänselt wurde. In der Pause teilte er mit ihr alles, auch ein Stück Brot, das für Kinder das Wertvollste war, was sie damals von zu Hause mitbringen konnten. Wenn sie ihn aufforderte, das Brot selber zu essen, antwortete er stets, nicht alle Kinder hätten eine so freundliche Schwester wie er, und das müsse man würdigen.

«Er hat sogar im Schulkiosk gearbeitet. Unsere Mutter gab ihm kleine Kekse, die sie gebacken hatte, und er verkaufte sie. Einen Teil des Gewinns durfte er für sich behalten, auch diesen teilte er mit mir, obwohl es doch so wenig war», erzählte mir Luma.

Als meine Mutter einmal krank war und wir außer Brot rein gar nichts hatten, tauschte Ali Lumas und die eigenen neuen Bleistifte im Laden nebenan gegen zwei Eier. Er freute sich riesig, als er seine Mutter diese zwei Eier essen sah. In der Nacht weinte Luma, weil sie für die nächsten drei Monate keine Bleistifte hatte. «Du wirst all deine Sachen neu bekommen», versprach er ihr. Alis Beziehung zur Mutter war so eng, dass er sie immer glücklich sehen wollte.

«Er war ein Träumer, Usama, ein intelligenter Träumer. Als er in Bagdad zu studieren begann, wurde aus unserer Geschwisterbeziehung eine richtige Freundschaft. Er vertraute mir das Geheimnis seiner ersten Liebe an. Er hatte sie in einem Seminar an der Uni kennengelernt, und alle zwei Sekunden fragte er mich, ob sie ihn wohl auch liebte. Sie stammte aus einer reichen Familie aus Bagdad und war eine Christin.»

Er fragte Luma, was sie denke, ob unsere Mutter akzeptieren würde, wenn eine Christin in die Familie einheiratete. Sie sagte Ja, aber sie fürchtete, dass unser Vater das nicht erlauben würde. Ali regte sich sofort auf, weil unser Vater ja gar kein religiöser Mensch war.

«Wieso sollte Vater plötzlich so denken, wenn es doch um das Glück seines Sohnes ging?»

«Und was hast du ihm geantwortet?», fragte ich.

«Ich habe versucht, ihn zu beruhigen, und ihm gesagt, er brauche sich nicht aufzuregen, da ich das nur vermute. Und auch wenn es so wäre, müsse er an sich und seine Liebe denken und nicht an unsere Eltern. Ali meinte, unser Vater sei ein Gefangener der gesellschaftlichen Konventionen und wolle uns diese auch aufzwingen.»

Ich schwieg einen Moment. Luma fuhr fort: «Ali fragte mich, ob der Islam nicht gegen die Heirat von muslimischen Männern mit christlichen oder jüdischen Frauen sei. Ich sagte, er habe recht, aber der Islam im Irak ist ein anderer als der Islam in den Büchern und in unseren Köpfen. Kaum hatte ich den Satz gesagt, verließ Ali den Raum, und ich bereute, ihm diese Antwort gegeben zu haben. Ali hat neben seinem Studium gearbeitet, er hat in einem Restaurant serviert, war Schriftleiter in einem Verlag, verkaufte lange Zeit auf der Straße Parfüm, Schmuck und Schminke. Er hatte auf eine Tafel geschrieben: ‹Liebe Frauen, ich träume davon, meiner Geliebten ein goldenes Collier zu schenken. Ich bin aber ein Student und habe nichts außer dieser Arbeit. Wenn Sie etwas kaufen, kann ich meinen Traum verwirklichen.›»

«Wollte Ali wirklich dieses Collier kaufen, oder wollte er nur bei den Frauen ankommen?»

«Nein, überhaupt nicht. Er hat ihr das Collier tatsächlich gekauft. Einige Kundinnen kamen sogar ein zweites Mal vorbei, um sich zu vergewissern, dass seine Geliebte das Geschenk auch wirklich erhalten hatte.»

«Hat er dann die Tafel weggeräumt?»

Luma lachte: «Nein, er hat einen anderen Text geschrieben.»

Ich schaute sie fragend an, sie lachte: «Er schrieb: ‹Dankeschön, ich habe es geschafft! Würden Sie trotzdem etwas kaufen?›»

Ja, Ali hat das Leben geliebt. Jedes Mal, wenn er von Bagdad in den Süden nach Hause kam, verging für Luma die Zeit viel zu schnell, aber er sei immer unruhig gewesen, habe zurückgewollt nach Bagdad.

«Einmal kam er unerwartet nach Hause. Er sagte zu meiner Mutter, er sei aus Bagdad zurückgekommen, um ihre Wärme zu spüren. Er legte den Kopf auf ihren Oberschenkel und bat sie, mit ihren feinen Fingern durch sein Haar zu streichen.»

Mein Feuer ging langsam aus, und es begann zu tröpfeln. Ich beschloss zurückzukehren, setzte die Stirnlampe auf und ging los. Ich öffnete meine beiden Hände und streckte sie in den Regen, ein ägyptisches Lied kam mir in den Sinn: «Oh *habibi,* wenn du unter dem Regen stehst, dann strecke deine Hände aus, dass du die Tropfen sammeln kannst. Was du sammeln kannst, ist deine Liebe zu mir, und was auf den Boden fällt, ist meine zu dir.»

Für mich war meine Liebe zu meinem Bruder Ali mehr als der ganze Regen, egal, ob er auf mich fiel oder auf diesen Waldboden. Er war mein schöner Traum, der mich in einer traurigen Zeit glücklich machte. Er strahlte immer Hoffnung und Lebensfreude aus, zog aus jeder

Niederlage etwas Gutes, war wie ein Olivenbaum: Er brauchte nur wenig Wasser, um das ganze Jahr über grün zu bleiben und Früchte zu tragen.

Als die Amerikaner im April 2003 Bagdad eroberten, war Ali in der Stadt. Er rief meinen Bruder Naser an, und zwar vom Telefon eines amerikanischen Offiziers, den er zwei Stunden zuvor kennengelernt hatte. Der Offizier lieh ihm sein Telefon gerne, als Ali ihn fragte, ob er seine Familie im Süden anrufen könne.

«Ich lachte laut und erwiderte, er sei wahnsinnig! Er hat die Amerikaner in der ersten Woche kennengelernt. Was macht er dann in den nächsten zwei Monaten? Frühstückt er bald im Weißen Haus?», erzählte mir Naser. «Mutter bekam mit, dass Ali am Telefon war, und wollte auch mit ihm reden. Grußlos fragte sie ihn mit lauter, erzürnter Stimme, was er in Bagdad mache. Er solle sofort nach Hause kommen. Weißt du, Usama, wir wussten damals nicht, dass alles nicht mehr als ein Spiel war und dass alles beim Alten bleiben würde, genau wie 1991», fügte Naser zu.

«Ali versprach ihr nie, dass er zurückkomme. Er sagte zu Mutter, die Zeit der Diktatur sei endgültig vorbei, und die Amerikaner würden nun mit unseren Kindern Fußball spielen in den Gassen Bagdads. Der Traum der Freiheit sei real geworden. Es würde alles gut werden, und Usama würde aus der Fremde zurückkommen, sie solle sich freuen. Als mein Vater am Abend vom Telefonat erfuhr, war er gar nicht erfreut. Er war der Meinung, die amerikanische Armee sei in diesem Land fremd, mit ihnen Kontakt zu haben oder Zeit zu verbringen sei die größte Gefahr, in die sich ein Iraker begeben könne.»

Eine Woche später kam Ali aus Bagdad zurück und verlangte von seinen Eltern den Segen. Er wollte, dass sie seine Liebe zu einer Christin akzeptierten und mit ihm zusammen bei ihren Eltern um ihre Hand anhalten würden. Beide Eltern hätten sofort abgelehnt, erzählte Luma.

«Entweder sie oder wir», sagte Vater.

«Und was ist mit ihren Eltern? Bist du sicher, dass sie uns nicht wie Hunde aus ihrem Haus vertreiben? Kannst du das garantieren?», fragten sie ihn zornig.

«Nein, wieso denkt ihr so? Ihre Eltern machen das bestimmt nicht. Sie wissen Bescheid.»

«Und was haben sie ihr gesagt? Weißt du das auch?», fragte Vater.

«Nein, das weiß ich nicht, aber ihre Eltern sind nicht prinzipiell dagegen.»

«Und wieso sie? Ausgerechnet sie? Gibt es keine andere in Bagdad, die dir gefallen würde?», fuhr er ihn an.

«Ich liebe sie, sie ist mein Traum.»

«Was arbeitet ihr Vater?», stichelte er weiter.

«Er besaß eine Kneipe in Alkarade.»

«Wunderbar, du ziehst den Ruf unserer ganzen Familie in den Dreck!»

Vater verließ wütend den Raum.

«Unsere Eltern haben seinen Traum vernichtet», sagte ich zu Luma.

«Ja, und am nächsten Morgen ging Ali ganz früh

in die Stadt, meldete sich aber am Nachmittag nochmals und erzählte, dass er als Dolmetscher mit den Amerikanern zusammenarbeiten möchte», fügte Luma hinzu.

Ich erinnere mich, wie mich damals meine Mutter anrief und mich bat, mit Ali zu sprechen und ihm seine Idee auszureden. «Die Dolmetscher in Bagdad gelten als Verräter und werden umgebracht», sagte meine Mutter von Sorgen erfüllt. Als ich Ali diese Botschaft übermittelte, erwiderte er mir: «Ja, aber die Al Qaida behandelt uns alle sowieso wie Verräter, weil wir Schiiten sind. Ob wir nun mit den Amerikanern zusammenarbeiten oder nicht, sie wollen uns umbringen.»

Ich konnte ihn überreden, die Arbeit nicht zu machen, um sein Studium nicht zu vernachlässigen. «Mach deinen Bachelor. Danach kannst du arbeiten, wo du willst.»

Kurz darauf sprengte die Al Qaida viele Lokale, die Alkohol ausschenkten und Unterhaltung boten – Musik oder Filme –, in die Luft, auch die Kneipe der Familie von Alis Geliebter. Die Familie verließ Bagdad auf der Stelle und legte damit den Grundstein für Alis Depression.

«Er saß zwei Monate lang nur zu Hause herum und bewegte sich kaum», erzählte Luma weiter, «er hörte ständig das Lied *Elamakin* – die Orte.»

«Von wem ist das Lied?», fragte ich sie, sie ließ es auf ihrem Handy laufen.

Dann setzte Ali sein Studium fort und begann Bücher auf der Al-Mutanabbi-Straße zu verkaufen. Auf einem

Karton neben ihm stand ‹Übersetzer von Dokumenten Französisch–Arabisch, Englisch–Arabisch und umgekehrt›. Eine Woche vor seinem Verschwinden besuchte er Luma in ihrer Universität. Er lud sie auf eben jener Straße zu einem Falafelsandwich ein. Sie weinte, als sie mir erzählte, wie sie diesen Nachmittag mit ihm verbracht hatte:

«Er lachte sich krumm, als ich sagte, dass das Öl, in welchem unsere Falafel gebraten wurden, so alt und schwarz aussehe, als wäre es seit Saddams Sturz nicht gewechselt worden. Er sagte, das mache nichts, unsere Falafel seien trotzdem demokratisch, auch wenn das Öl aus der Zeit der Diktatur stamme. Während des Essens fragte er immer wieder: ‹Wer hätte gedacht, dass es so weit kommen würde, dass Bagdad um zwei Uhr nachmittags eine Geisterstadt ist?› Er hatte recht, denn die Stadt war auch von Kinos und Theatern gesäubert worden. Manche Intellektuellen hatten sich dagegen gewehrt und eine kleine Demonstration auf der Al-Mutanabbi-Straße organisiert. Auf ihren Schildern stand: ‹Bagdad ist nicht Kandahar›, eine Woche später platzierte die Al Qaida zwei Autobomben in der Straße. Ich wollte, dass Ali mich in meine Studenten-WG brachte. Mein kleiner Balkon bot einen Blick auf die Bushaltestelle, wir winkten einander zu, ich stand auf dem Balkon und Ali unten auf der Straße. Er hob seinen himmelblauen Schal und wedelte mir damit zu. Er lachte und ging weg. Seitdem habe ich ihn nie mehr gesehen, nur dieses Bild, wie er ging, bleibt. Ich nehme es wie im

Traum wahr und kann schlecht damit umgehen, dass Ali so plötzlich, so spurlos fort war. Das Haus ist ohne Ali traurig geworden, das Glück in der Familie ist weg. Ein Warten auf etwas, was wir nicht definieren können, quält uns alle. Wir wollen nicht glauben, dass er nicht mehr lebt, aber das Gegenteil zu hoffen geht auch nicht.»

Ich ging durch den Regen und spürte die Feuchtigkeit, die sich im Wald breitmachte. Ein ganz besonderer Duft erfüllte meine Seele, und je schwerer und schmutziger meine Wanderschuhe wurden, desto reiner und leichter wurde meine Seele. Ich dachte an einen Satz von Meran: «Folge deinem Traum und gib nie auf.» Aber was war mit mir? Was war mein Traum jetzt?

Ich musste an die alte Frau denken, die unter dem großen Baum im zentralen Busbahnhof von Al Nassirija saß. Ich sah sie immer wieder, wenn ich nach Bagdad oder Al Basra reiste. Sie war bestimmt schon über siebzig, klein, und ihr Rücken war gekrümmt, als ob sie alle Kriege des Irak auf ihren Schultern tragen würde. Sie saß auf einem schwarzen Tuch unter einem riesigen Maulbeerbaum. Immer war sie von Menschen umringt, Soldaten, Frauen und Jugendliche standen vor ihr, während sie auf den Boden starrte und etwas erzählte.

Eines Tages wollte ich wissen, was sie erzählte, und ging hin. Ich sah einen Jungen, der ihr gegenüber auf dem Boden saß und ihr reglos zuhörte. Die Frau hatte kleine Steine vor sich hingelegt und bewegte sie während des Erzählens hin und her. Da ich groß gewachsen bin, konnte ich über die Menge hinweg zuschauen. Aha, sie war eine Wahrsagerin, was gab es wohl für eine Zukunft in diesem wahnsinnigen Land, die man gerne vorher wissen wollte?

Lächerlich, sagte ich mir und wollte zur Bushaltestelle zurück. Ich musste meinem Mentor an der Uni das letzte Kapitel meiner Masterarbeit abgeben. Kaum schickte ich mich an zu gehen, hob die Frau ihren Kopf und richtete ihre kleinen braunen Augen direkt auf meine. Es fühlte sich an, als würde sich etwas Spitzes in meine Augen bohren.

«Ich verlange kein Geld dafür», sagte sie zu mir, ich dachte, sie spreche jemand anderen an und blickte hinter mich. Aber sie intensivierte ihren Blick und fügte hinzu: «Du kannst gehen, wenn es dir nicht gefällt, mir zuzuhören.»

Einige Menschen schauten mich an, als hätte ich gerade einen gravierenden Fehler begangen. Ich brachte kein Wort heraus, ja, was sollte ich denn auch sagen?

«Willst du von mir wissen, warum du da bist?», fragte sie mich und schüttelte dabei ihren Kopf.

«Gnädige Frau, ich bin hier, weil ich hören wollte, was Sie erzählen, und ich entschuldige mich bei Ihnen, falls ich Sie gestört habe.»

«Nein, gar nicht, du hast nicht gestört. Aber du glaubst einfach nicht, was ich sage. Hör zu, mein Sohn. Du bist hier, weil du eine Reise zu einem Ort, den du liebst, unternehmen wirst.»

Jeder, der durch diesen Park ging, wollte irgendwohin reisen. Sie hatte wohl meinen Rucksack gesehen und dachte, dass ich nach Hause ginge, sagte ich mir. Die Frau unterbrach meine Gedanken: «Du hast wichtige Papiere dabei, die du heute einem Vorgesetzten vorlegen möchtest.»

Ich spürte, dass irgendein Faden in mir riss und ein anderer sich damit verknüpfte.

Ich schwieg, aber mein Mund öffnete sich ein bisschen, und ich sah jetzt wohl so aus wie der Junge, der noch immer vor ihr saß.

«Möchtest du noch immer gehen oder willst du, dass ich weitererzähle?», fragte sie.

«Erzählen Sie, bitte», sagte ich, während ich einen Soldaten neben mir anschaute. Er warf mir einen neidischen Blick zu.

Sie zog die Steine zu sich, schüttelte sie in ihren kleinen Händen, flüsterte dazu einen kleinen Spruch, den ich nicht verstand, und warf sie wieder vor sich auf das Tuch. Sie betrachtete sie einen Augenblick, während ich wie ein Angeklagter auf mein Urteil wartete. Ihre Mundwinkel bewegten sich zu einem Lächeln, ich konnte sehen, dass sie nicht mehr viele Zähne in ihrem Mund hatte.

«Du hast einen langen Weg vor dir, den du gehen wirst. Der Anfang ist nicht gefahrlos, aber dann wirst du eine sichere Phase in deinem Leben haben. Du solltest nicht zu oft nach hinten schauen, und du solltest auch nicht glauben, dass eine Schlange im Winterschlaf nicht beißen kann. Du hast einen großen Traum, dieser wird Früchte tragen, genau wie dieser Baum hinter mir. Aber die Früchte deines Traumes werden nie auf den Boden fallen, auf dem du geboren wurdest. Du bist fremd, egal, wohin du gehst.»

Sie schwieg einen weiteren Moment und bewegte die Steine auf dem Boden.

«Mein Gott, ich habe noch nie einen Mann mit einem so großen Traum gesehen.»

Sie schwieg noch einmal und sagte abschließend: «Du kannst jetzt gehen. Das Auto, das dich zu deinem Ziel bringt, kommt gleich.»

Mir war seltsam zumute, erstaunt machte ich einen Schritt rückwärts.

«Gute Reise», sagte sie mir und hob ihre linke Hand.

«Danke», erwiderte ich.

Als ich die Station erreichte, fuhr mein Bus herein.

«Du siehst erschöpft aus. Hattest du eine anstrengende Reise?», fragte mich mein Mentor in seinem Büro.

«Ja, die Reise war wirklich nicht gemütlich, und ich habe Hunger», erwiderte ich, um meinen Wunsch zu signalisieren, das Zimmer wieder zu verlassen. Er nahm mein letztes Kapitel gerne entgegen.

Mehr als zwanzig Jahre sind seither vergangen, und nach wie vor spüre ich den feinen Faden, der mich mit der alten Frau und ihren Sätzen verband. Wie oft schon sagte ich mir, in der Schweiz, in Bagdad und anderswo: Ja, sie hatte recht. Egal, wohin ich gehe, ich bin fremd.

Mein Handy vibrierte in meiner Tasche.

«Wo bleibst du? Was machst du bei diesem Regen?», schimpfte meine Frau.

«Ich bin in der Nähe, und der Regen hier ist nicht so stark.» Dabei war ich tropfnass.

«Hast du deinen Schlüssel?»

«Ja.»

«Komm bitte leise, die Kinder schlafen.»

Wie ein Dieb betrat ich das Haus auf Zehenspitzen. Meine Frau saß auf dem Sofa mit dem Buch, in das sie seit drei Tagen versunken war. Sie liest gerne Sachbücher, die sie mir dann jeweils ausführlich erzählte.

«Ich bewundere dich! Wie kannst du in der Nacht im Wald spazieren? Und weißt du nicht, dass das ungesund ist, weil sich der Sauerstoff im Wald in der Nacht verringert?», sagte sie kopfschüttelnd.

«Gesund, ungesund. Das ist relativ, mein Schatz. Der Mensch hat früher im Schoß der Natur gelebt. Wäre der Wald nachts ungesund, so wären wir jetzt nicht da.»

Sie nahm es zur Kenntnis und las weiter. Ich fragte sie nach der Schachtel mit den alten Fotos.

«Die ist im Schrank. Warum fragst du?»

«Ich möchte ein altes Bild wiedersehen, das mir vorhin in den Sinn kam.»

«Was für ein Bild?»

«Ein Bild von mir aus der Primarschulzeit. An einem schönen Sommertag nahm mich mein Vater mit in die Stadt zu einem Fotografen; weißt du, wo dieser Fotograf war?», fragte ich meine Frau.

«Nein.»

«Mitten auf der Straße. Er hatte dort seine große Kamera aufgestellt und nutzte die sonnigen Tage, um Leute zu fotografieren. Er hängte ein Tuch an eine Wand als Hintergrund. Hast du schon einmal einen solchen Fotografen gesehen?»

«Nein, das habe ich nicht.»

«Schau, das ist das Bild, das so entstand.»

Sie betrachtete das Bild interessiert. Meine Frau hat kaum Erinnerungen an den Irak. Ihre frühesten Erinnerungen reichen in das Jahr 1991 zurück, als sie mit ihren Eltern und Geschwistern fliehen musste.

«Du siehst lustig und sehr konzentriert aus», sagte sie.

«Ja, das stimmt, und weißt du, was danach der größte Wunsch meiner Kindheit wurde?»

«Was denn?»

«Dass ich in diese große Kamera hineinschauen durfte. Es war eine alte Kamera auf drei Beinen. Von vorne sieht man die Linse, und der Fotograf schlüpft hinten unter ein Tuch. Als er fertig war, streckte der Kameramann seinen Arm unter diesem Tuch hervor.

An der Uni Bagdad erwähnte ich diesen Wunsch einmal gegenüber einem Freund. Einige Zeit danach überraschte er mich mit einer Einladung zu sich nach Hause. Er lebte mit seiner Familie auf einem Bauernhof, drei Generationen in einem großen Haus zwanzig Kilometer westlich von Bagdad. Nachdem er mir seine Familie vorgestellt hatte, nahm er mich mit auf ein Feld, und da sah ich die große Kamera auf ihren drei Beinen. Hinter ihr stand sein großer Bruder. Ich durfte meinen Kopf in dieses schwarze Röhrentuch stecken und aus dem Blickwinkel des Kameramannes auf die Welt schauen.»

«Und das hast du natürlich gemacht?»

«Ja, ich habe es gemacht, und es war eigentlich nichts Besonderes. Ich sah die Rückseite der Linse und daneben ein kleines Gefäß, in dem eine Flüssigkeit war, um die Negative zu schützen, bevor sie ins Labor zur Entwicklung gebracht werden. Ich erfuhr, dass dieses schwarze Tuch das Negativ vor dem Licht schützen sollte. Aber es war ein wunderbares Gefühl, dass dieser Wunsch sich erfüllt hat.»

«Ja, das kann ich mir vorstellen», sagte sie nachdenklich.

«Weißt du, es ist nicht einfach, in einem Land wie dem Irak einen Traum zu realisieren. Man braucht ein Wunder, um die banalsten Dinge zu erreichen, das Wunder eines Monats ohne Stromausfall oder eine Woche, nur eine einzige Woche ohne den Lärm der Feuerwaffen», sagte ich zu meiner Frau.

«Das erinnert mich an den Traum deiner Großmutter, wie war das noch mal?», fragte meine Frau.

«Ja, meine Großmutter väterlicherseits träumte davon, einmal das Meer zu sehen, um sicher zu sein, dass es wirklich blau war. Sie ist gestorben, ohne dass ihr Wunsch in Erfüllung ging.»

«Aber der Irak hat doch ein Meer im Süden, wieso hat sie niemand dorthin gebracht?», fragte sie weiter.

«Ja, das verstehe ich auch nicht. Offenbar gab es auch

bei uns zu wenig Menschen, die die Wünsche der anderen ernst nehmen. Traurig, dass sie starb, ohne das blaue Meer einmal gesehen zu haben.»

«Ja, aber mich macht das auch wütend, weil es wieder mal eine Frau war, weil die Wünsche der Frauen im Irak nichts gelten», fügte meine Frau hinzu.

«Habe ich dir erzählt, was meine Großmutter tat, als mein Großvater Ende der Siebzigerjahre einen Fernseher gekauft hat?», fragte ich sie.

«Nein, das hast du nicht. Was hat sie gemacht?»

«Als die ganze Familie vor dem neuen Gerät saß und die Nachrichten schaute, legte sich meine Großmutter ihr Kopftuch um und setzte sich in eine Ecke des Zimmers. Als meine Tante sie fragte, wieso sie das tue, meinte sie, vor fremden Männern müsse sie als Muslimin ein Kopftuch tragen.»

«Unvorstellbar», sagte meine Frau und fragte mich, ob ich noch einen anderen Traum in meinem Leben erfüllt bekommen hätte.

Mein allergrößter Traum, der in Erfüllung gegangen ist, war das, was die alte Frau mir damals gesagt hatte: dass ich sicher leben würde. «Mit dir und unseren Kindern in diesem friedlichen Land zu leben – du bist mein erfüllter Traum», antwortete ich ihr.

Sie gab mir einen Gutenachtkuss und ging ins Bett.

Auch ich musste schlafen gehen, da ich einen anstrengenden Arbeitstag vor mir hatte. Die Arbeit in der Mensa in Kreuzlingen war gar nicht mein Traum, ich brauchte sie für unseren Lebensunterhalt. Aber glücklich zu sein ist und bleibt mein Talent im Leben: Die Mensa ist für mich eine Art Freundschaftsfabrik geworden. Und was mich tröstet und mir gefällt, ist, dass in der Schweiz die Arbeit an sich ein Wert ist. Im Irak wird man unter die Lupe genommen, und die Arbeit, die Kleider und wie viel man hat, sind die Kriterien, nach denen man bewertet wird.

Im Garten des Klosters der Mensa gegenüber steht ein großer Maulbeerbaum. Ich sehe ihn von meinem Arbeitsplatz aus. Unter diesen Baum setzen sich Schülerinnen und Schüler bei schönem Wetter, um sich auszuruhen, Hausaufgaben zu erledigen oder miteinander über die Zukunft zu sprechen. Sie brauchen keine Wahrsagerin, denn sie haben vor der Zukunft weder Angst noch gibt es größere Unsicherheiten. Sie erschaffen sich ihre Träume selber mit der Zuversicht, dass niemand ihre Träume stehlen darf. Sobald niemand unter dem Baum sitzt, stellt sich bei mir das Bild jener seltsamen Begegnung wieder ein: Mitten in der Alltagshektik stehen Menschen verschiedenen Alters und Geschlechts und beobachten die geheimnisvollen Steine, die eine alte Frau auf ein Stück Stoff wirft und dabei etwas redet. Die Menschen hören zu in der Hoffnung, etwas über ihr Schicksal zu erfahren.

Auf einem meiner Fotos steht der junge Ali in einer unermesslichen Wüste namens *hemade*. Der weite Horizont verleiht dem Bild eine große Tiefe, und der Horizont zwischen dem Blau des Himmels und der *hemade* sieht aus wie eine Linie zwischen Traum und

Wahrheit. Er war im ersten Jahr seines Studiums. Sein ganzes Wesen strahlte eine bedingungslose Liebe zum Leben aus. Er freute sich, die französische Sprache und Literatur zu studieren. Einmal im Leben wollte er nach Paris reisen.

Während ich die Bilder wegräumte, beschloss ich, auf meiner nächsten Reise in den Irak dem zentralen Busbahnhof in Nassirija einen Besuch abzustatten, um zu schauen, ob der Maulbeerbaum dort noch stand. Die alte Frau lebte bestimmt nicht mehr. Hatte jemand anders ihren Platz unter dem Baum eingenommen? Was würde sie mir jetzt sagen, wenn sie mich sähe? Wäre ich für sie immer noch der Mann mit dem großen Traum?

Der Baum der Geduld

In der irakischen Wüste gedeiht der *dom,* wie die Doumpalme im Arabischen heißt, ein starker Baum, der unglaublich hitzeresistent ist und mit wenig Wasser mehrere Jahre überleben kann. Die Bevölkerung im Süden nennt ihn den «Baum der Geduld», denn wer diesen Baum pflanzt, muss Jahrzehnte warten, bis er Früchte ernten kann. Häufig stirbt man, bevor er Früchte trägt, sagen die Beduinen.

Ein irakischer Aberglaube besagt, man solle von dieser Palme einen kleinen Wedel für eine Nacht behalten und ihn bei Sonnenuntergang des folgenden Tages als Tablett mit Kerzen einen Fluss hinabschwimmen lassen, wenn man unerträgliche Sehnsucht nach einem anderen Menschen verspüre. Bevor das Tablett aus dem Blickfeld verschwindet, müsse man den Namen der vermissten Person sagen: «Dieses Licht soll den Weg zu dir finden und dir mitteilen, dass ich deine Abwesenheit ertrage genau wie der *dom,* der die Abwesenheit des Regens erträgt. Ich liebe die Zeit, in der ich geduldig auf dich warte, aber ist es jetzt nicht fällig, dass du mir irgendein Zeichen zukommen lässt?» Das Ritual soll das Warten leichter und die Hoffnung größer machen.

Zweimal hatte meine Mutter es versucht. Beim ersten Mal kam sie traurig nach Hause, weil das Tablett untergegangen war. «Der Euphrat hat das Licht verschluckt», sagte sie seufzend. Beim zweiten Mal, im

Frühling 2013, ging sie selbst einen Palmenwedel suchen. Naser brachte sie zur Tell al-Lahm, der südlichsten Wüste des Iraks, wo die Beduinen sich im Frühling versammeln, um ihre Güter zum Kauf anzubieten. «Wer hätte gedacht, dieses frische Grün in einer Wüste anzutreffen?», sagte sie beim Vorbereiten des Tabletts.

Sie kam diesmal glücklich zurück, weil der Fluss das Licht weit davontrug.

Sie erträgt es nicht zu hören, Ali sei tot. Wir sollen sagen, dass er uns verlassen hat. Ich weiß nicht, worin der Unterschied liegen soll. Sie war lange traurig, nachdem Naser einmal gesagt hatte, es sei kein Zufall, dass der Aprikosenbaum eingegangen sei.

«Ja, der Baum konnte das unbeständige Wetter im Irak nicht ertragen. Geduldig zu sein macht das Leben länger, und wer keine Geduld hat, stirbt schneller!»

Seit Ali verschwunden ist, hat meine Mutter viele seltsame Sachen gemacht: In der Nacht sang sie Kinderlieder, die sie früher Ali vorgesungen hatte. Dann behauptete sie, Ali könne sie hören, seine Seele dürste nach ihren Worten. Wenn sie singe, bewege sich etwas in ihrer Brust, genau wie damals, als sie Ali stillte.

Manchmal schien sie stark wie ihr Großvater, der Bauer, der bis zum letzten Tag seines Lebens nicht damit aufgehört hat, Olivenbäume zu pflanzen. Er sagte, jeder Stamm dieser Bäume nehme etwas von seiner Seele in sich auf. Aber nicht selten war meine Mutter orientierungslos wie jemand, der in einen finsteren Raum kommt und die ganze Nacht damit verbringt, den Lichtschalter zu suchen, den es gar nicht gibt. In den ersten Jahren seines Verschwindens sagte sie oft, sie sei eine Doumpalme, ihre Geduld verliere sie nicht. Sie bleibe grün und warte auf das Wasser, das kommen würde. Sie webte ihre Wahrheit über Alis Verschwinden immer wieder anders, ohne zu merken, dass der Inhalt immer derselbe war – wie wenn man die Farben des Regenbogens zählt: Egal, mit welcher Farbe man beginnt, man erreicht immer die Zahl sieben, sonst ist es kein Regenbogen.

Meine Mutter liebt die Geschichte von Yusuf im Koran. Der verschwundene Junge und sein geduldiger Vater, der ihn nach vielen Jahren wiedergewonnen hat. Sie konnte nicht aufhören, diese Geschichte zu erzählen. Bei meinem letzten Besuch im Irak erzählte sie mir die Geschichte wieder. Danach deutete sie an, auch nach so vielen Jahren könnten noch Wunder geschehen. Ich sagte nichts. Manchmal schweigen wir, um die Verzweiflung zu verbergen.

Im Sommer 2016, einige Wochen nach meiner Rückkehr aus dem Irak, einen Tag vor dem dreiunddreißigsten Geburtstag Alis, sagte ich zu meiner Frau, dass ich anderntags etwas unternehmen wolle, was ich mir schon jahrelang gewünscht hätte. «Ich werde morgen auf den Säntis wandern», sagte ich.

«Schön, du hast jedes Jahr an Alis Geburtstag etwas Besonderes unternommen, das weiß ich. Meistens lange Spaziergänge im Wald. Warum der Säntis?», fragte sie.

«Ich habe keine Ahnung, warum mir dieser Berg so viel bedeutet.»

Der Berg kam mir vor wie ein alter Bekannter, ich sah ihn fast jeden Tag, wenn ich mit dem Zug von Frauenfeld nach Kreuzlingen zur Arbeit fuhr. An klaren Sommertagen stellte er sich majestätisch in die Landschaft, sodass ich am Fenster klebte, um den Anblick in mich aufzusaugen. Im Winter, wenn sich der Nebel auf den Feldern breitmachte, wusste ich genau, dass er dort stand, auch wenn ich ihn nicht sah.

«Ich habe einmal gelesen, er sei gefährlich, weil sich dauernd Felsbrocken lösten. Es soll Stellen geben, wo man klettern muss. Ich habe Angst um dich.»

«Man muss eben Respekt wahren gegenüber der Natur. Du brauchst keine Angst zu haben, auf einem Berg bewege ich mich wie ein Steinbock, im Wald wie ein Vogel. Du weißt, wo meine Schwäche ist: im Wasser. Ich bewundere Leute, die freiwillig im Meer schwimmen, und manchmal denke ich an die Flüchtlinge, die über das Meer fahren müssen, an diejenigen, die das Ufer erreicht haben, aber noch lange nicht angekommen sind. Und an jene, die ertrunken sind. Was waren ihre Träume, ihre letzten Hoffnungen?»

Sie schwieg einen Moment.

«Weißt du, ich liebe die Berge, eine alte arabische Sage erzählt, dass auf Steinen zu laufen den Menschen jünger, ruhiger und kräftiger mache», sagte ich.

«Ja, das Mittlere hast du besonders nötig», erwiderte sie mit Nachdruck.

«Denkst du, ich sei unruhig?»

«Ja, aber nicht immer. Du willst manchmal vieles gleichzeitig erledigen, und das stört mich.»

«Das ist, weil ich gut integriert bin», sagte ich lachend.

«Na ja. Wer sprachbegabt ist, kann sich immer rechtfertigen, und da liegt deine Stärke, *habibi»,* sagte sie und fragte, was ich Ali schenken würde, wenn er noch am Leben wäre. Ich überlegte einen Augenblick und erinnerte mich an seinen Wunsch, Paris zu besuchen. Er hatte mir einmal erzählt, dass er, wenn er die klassischen französischen Romane lese, zwischendurch die Augen schließe, um in Gedanken durch die Straßen von Paris zu gehen.

Schlagartig verspürte ich Sehnsucht nach Ali. Es gibt nichts Schwierigeres als die Sehnsucht nach Verstorbenen, es braucht intensive Geduld, um dieses Gefühl aushalten zu können – wie den schweren Nebel an Novembertagen im Schweizer Mittelland. Was, wenn ich Ali wiedersehen würde?, fragte ich mich. Vielleicht würde mein Herz aufhören weiterzuschlagen. Wie die Figur in einem irakischen Märchen, der man sagte, sie könne ihre Jugend zurückgewinnen, wenn sie an einem bestimmten Baum rieche. Sie suchte ihn lange vergeblich in den Wäldern, Bergen und Tälern, und als sie nach Hause zurückkehrte, fand sie ihn in ihrem Garten. Sie traute ihren Augen nicht, und statt an ihm zu riechen, umarmte sie ihn und starb.

«Soll ich dir ein Picknick für deinen Wandertag machen?»

«Sehr gerne», antwortete ich geistesabwesend.

«Schweizerisch oder irakisch, du gut Integrierter?», riss mich meine Frau spöttisch aus meiner Gedankenwelt.

«Beides bitte», antwortete ich leise.

Am nächsten Morgen wachte ich früh auf, öffnete das Fenster und betrachtete den Kirschbaum vor meinem Fenster. Ich spürte, wie tief meine Liebe zum Leben war, wie dankbar ich war, hier leben zu dürfen, ohne Angst und Zwang.

«Happy Birthday, lieber Ali», flüsterte ich in das Ohr des Baumes und merkte, wie sich meine Seele und meine Vernunft mithilfe des Baums irgendwie versöhnten.

Im Zug nach Herisau saß ich mit einer Wandergruppe im selben Abteil. Vergeblich versuchte ich, innerlich in dieser Gruppe unterzutauchen, mich von ihrer Fröhlichkeit ablenken zu lassen. Eine Erinnerung an Alis ersten Geburtstag nach seinem Verschwinden tauchte auf, Naser hatte mir im Juli 2010 eine lange Mail geschrieben:

«Usama, weißt du, was unsere Mutter am 11. Juli 2006 machte? Es ist unglaublich, aber sie wollte selber nach Ali suchen gehen. Sie stand in der Einfahrt unseres Hauses und wollte nach Bagdad gefahren werden, in einer Zeit, als dort ein beispielloser Horror war. Die Gewalt zwischen Sunniten und Schiiten eskalierte, jeden Tag gingen Bomben hoch. Zwischen den Quartieren wurden hohe Mauern errichtet, die einzigen Verbindungen bestanden aus kleinen Löchern, die nur Kindern und Bettlern bekannt waren. Jede einzelne Bewegung in der

Stadt musste vorher akribisch geplant werden, sonst riskierte man sein Leben. Und da wollte sich meine Mutter auf die Suche machen. Wir verbrachten einen anstrengenden Tag, um sie von ihrer Idee abzubringen. Ich bin sehr froh, dass sie nicht mehr solche Sachen macht.»

Inzwischen wich die Hoffnung wohl dem Wunsch, von Ali wenigstens irgendeinen Knochen zu finden, damit sie ein Grab pflegen konnte, eine Blume niederlegen, das Totengebet *yasin* sprechen. Aber ich wusste nicht, wie viel sich die Mutter eingestand.

Alles braucht Geduld, sagte ich mir, die Geduld hat mir das Leben gerettet. Jedes Mal, wenn mich in den Asylunterkünften die Verzweiflung übermannte, schwieg ich einen Moment, versuchte mich zu beruhigen und erinnerte mich an das arabische Sprichwort: «Wer Honig gewinnen will, muss mit Bienenstichen rechnen.» Oft lache ich innerlich und hoffe, dass dieser Stich der letzte sein möge. Und tröste mich, dass ich mit jedem Stich stärker wurde.

Dann stand ich auf der Schwägalp überwältigt dem Berg gegenüber. Wie viele Menschen hat dieses Naturwunder schon beglückt? Einen Berg aus der Ferne zu betrachten ist etwas ganz anderes, als wenn man unmittelbar vor ihm steht.

Ich betrat den Säntiswanderweg, und die Natur nahm mich auf. Die Kraft des Berges weckte eine Kraft in mir, die ich zuvor nicht gekannt hatte. Ich war nicht alleine, viele Menschen verschiedenen Alters und Geschlechts waren unterwegs mit demselben Ziel. Es gefiel mir, dass man einander grüßte und den Weg für überholende Wanderer freigab. Fast alle waren gut ausgerüstete Schweizer. Ich überholte viele, die meisten machten mir mit einem Lächeln den Weg frei. Die Luft wurde dünner und meine Faszination mit jedem Schritt größer. Langsam und vorsichtig stieg ich weiter, fühlte mich frei und tief zufrieden.

Dann gönnte ich mir eine kleine Pause, zog ein Käsesandwich aus dem Rucksack und eine Flasche Apfelsaft. Oh mein Gott, was für ein Gefühl, wenn man sich setzt und seinen Rücken an eine Felswand lehnen kann! Ich betrachtete die kleinen Pflanzen, die einen Lebensraum zwischen den Felsritzen gefunden hatten, und die Steine in ihren verschiedenen Farben.

Die letzte, felsige Etappe führte mich zum Säntisgipfel. Ich weiß nicht, wieso ich das Gefühl hatte, Ali stehe ganz nah bei mir wie der Himmel, der auf dem Gipfel nicht weit von meinem Herzen war. Ich verspürte etwas Unbeschreibliches, eine Art Sorglosigkeit, die ich vorher nicht gekannt hatte. Mein Herz war wie in ein goldenes Licht getaucht, es saugte das Licht auf wie der *dom* nach langem Warten das Wasser.

Auf der sogenannten «Himmelsleiter» war ich überrascht, wie viele Familien mit Kindern unterwegs waren. Ich wunderte mich, dass sie ihre Kinder auf diesen steilen Felsen klettern ließen.

Auf dem Gipfel verteilten sich die Wanderer, bewunderten die Aussicht, wechselten sich am Fernrohr ab und benannten die Berge ringsum. Wie konnte man all diese Bergnamen auswendig lernen? Es konnte doch nicht sein, dass all diese Menschen Geografie studiert hatten, dachte ich und suchte mir gleichzeitig einen schönen Platz, um den irakischen Teil meines Picknicks zu verspeisen.

«Was hat dir am besten gefallen an diesem Berg?», fragte mich meine Frau am Abend.

«Alles war ausgezeichnet, aber am meisten hat mich beeindruckt, dass sich die Menschen auf dem Gipfel gratulierten und sogar die Hände schüttelten. Auch mir gratulierten sie, ich erfuhr, dass dies eine schweizerische Tradition ist. Ich fand es interessant, dass sie durch das Erreichen desselben Ziels Nähe zueinander fanden.

Das Zweite war ein Baum am Weg. Ich bin mir nicht sicher, ob es eine Birke war. Er stand allein wie die Göttin der Schönheit im alten Mesopotamien. Er war nicht besonders alt oder groß, aber unvergleichlich einzigartig. Ich fragte mich, wie seine Schönheit das garstige Wetter auf dem Säntis ertragen konnte und woher die zarten Äste all diese Kraft nahmen, hier auf den Frühling zu warten. Ganz in der Nähe, auf einem flachen Fels stand: ‹Hier habe ich an dich gedacht.›»

«Oh, dieser Satz berührt mich!», antwortete meine Frau.

Der Satz war sorgfältig aufgemalt und sah aus wie eine schwarze Dolde. Neben diesem Felsen schloss ich meine Augen für einen Moment und dachte fest an Ali. Ich stand vor diesem Baum und begann mit ihm zu sprechen:

«Du kennst mich nicht, vielleicht bin ich der erste Araber, der vor dir steht und zu dir spricht. Ich sag dir, wer ich bin: Ich bin ein Augenzeuge der Zeiten, als viele Soldaten durch den Irak marschierten; sie zertraten Träume, entwurzelten Bäume und vertrieben viele Vögel aus ihrer Heimat. Aber es gelang mir, in der Sprache ein Zuhause zu schaffen, um mein Leben vor dem Verderben zu bewahren.

Ich bin Augenzeuge vieler Träume: Einige davon sind verschwunden, andere geblieben. Und einer wächst in meinem Herzen, der bereits auf der Liste der verschollenen steht.

Ich kenne dich nicht. Ich weiß nur, dass ich mich vom ersten Anblick an von dir angezogen fühlte. Du bist anders als alle Bäume, die ich in diesem Land bisher gesehen habe. Du stehst hier allein wie eine Braut, die ihren Hals streckt, um das Erscheinen ihres Verlobten nicht zu verpassen. Der Schnee schmilzt, die Erde wechselt die Farben, und du wartest geduldig auf denjenigen, der vielleicht gar nie kommt.

Hörst du mich, verstehst du Arabisch?

Ich weiß, dass du hörst und verstehst, auch wenn deine Zeit andere Dimensionen hat. Deine Zeit ist der Augenblick der Schönheit, die mich voranbringt, ohne dass ich ein Boot oder ein Segel brauche. Meine Zeit gleicht deiner nicht, doch sind wir uns ähnlich, indem jeder von uns Sonnen- und Schattenseiten hat und jeder von uns versucht, in seinem ersten und letzten Leben einen Sieg über den Schatten zu erringen. Nur bei Bäumen habe ich das Gefühl, dass meine Stimme nicht verloren geht, und je länger ich mit den Bäumen rede, desto mehr stehe ich auf der Sonnenseite.

Ich verspreche dir, nochmals vor dir zu stehen, wenn die Falten in meinem Gesicht tiefer geworden sind und dein Stamm sieben weitere Ringe zählt, um mich zu vergewissern, dass auch du mehr Licht gewonnen hast.»

Ins Tal zurück brachte mich die Luftseilbahn, ich hörte die Mitfahrenden über verschiedene Gipfel diskutieren und über die Anzahl Länder, die man vom Säntis aus sehen konnte. Erst beim Aussteigen wurde mir bewusst, wie ich der schweizerdeutschen Unterhaltung gefolgt war, ohne mich dabei fremd zu fühlen.

«Du musst Luma anrufen, bevor es im Irak zu spät ist, sie hat schon zweimal angerufen», sagte meine Frau.

«Das tue ich, muss ich mir Sorgen machen?»

«Nein, gar nicht. Sie wollte nur mit dir reden.»

Seit sich das Internet im Irak ausgebreitet und die Kommunikation vereinfacht hat und sogar Bilder per Whatsapp zur langweiligen Routine geworden sind, habe ich Schwierigkeiten, meine Angehörigen anzurufen. Es ist eine Art Last geworden. Seit ungefähr einem Jahr besaß meine Mutter ein Smartphone. Alle drei Tage stellte sie mir fast die gleiche Frage, und ich fühlte mich verpflichtet, immer wieder geduldig dieselbe Antwort zu geben. Manchmal erhalte ich seltsame Sprüche von

Verwandten wie «Wir wünschen dir einen gesegneten Freitag». Dann lache ich innerlich und lösche die Nachricht.

Obwohl ich erschöpft war, rief ich Luma an. Ich dachte, sie brauche etwas von mir, weil sie in den letzten Wochen ihrer Schwangerschaft war. Schwangere Frauen im Irak bringen ihre Familien in einen Notstand. Es war ihre zweite Schwangerschaft, ihre Tochter war vier, sie erwartete einen Jungen.

«Wie geht es dir, Luma? Tut mir leid, ich war den ganzen Tag nicht zu Hause.»

«Gut, danke, ich bin sehr glücklich!»

«Ist alles in Ordnung bei dir?»

«Ja, mach dir keine Sorgen. Ich war gestern im Spital, und sie haben mir gesagt, ich würde vielleicht erst einige Tage nach dem Termin gebären.»

«Wann ist noch einmal der Termin?»

«Am 19. Juli. Weißt du, ich habe mehrmals versucht, dich zu erreichen, um dir eine freudige Mitteilung zu überbringen.»

«Dann sag doch, was denn?»

«Unsere Mutter hat endlich akzeptiert, dass mein noch ungeborener Sohn den Namen Ali tragen wird.»

«Ist das wahr?»

«Ja!», schrie sie in mein Ohr. «Sie besuchte mich heute Morgen. Vater war auch dabei, weil sie erfahren hatten, dass ich gestern im Spital gewesen war. Als wir Tee tranken, sagte sie auf einmal, sie habe nichts dagegen, wenn mein Sohn den Namen Ali tragen würde, falls wir immer noch diesen Wunsch hätten. Weißt du, Usama, ich habe sofort geweint, sie auch.»

Mutter hatte es bisher strikt abgelehnt, dass eines ihrer Enkelkinder nach Ali benannt würde, weil es nur einen mit diesem Namen in der Familie geben sollte. Niemand von uns wagte es, mit ihr darüber zu diskutieren.

«Usama, ich freue mich so sehr auf mein Kind.»

«Ja, meine Liebe, ich auch und ich wünsche dir alles Gute.»

Als der zweite Ali schließlich geboren wurde, wünschte sich Luma von ihrem Mann, er möge in ihrem Garten einen Sidarbaum pflanzen.

Wieder standen Sommerferien vor der Tür, Lumas Ali würde in einigen Wochen zwei Jahre alt. Er geht gerne zum Haus meiner Eltern, spielt im Garten und lauscht den Geschichten meiner Mutter.

«Je älter er wird, desto mehr schlägt er seinem Onkel nach», sagte mir Luma beim letzten Anruf und schickte mir Bilder, auf denen Ali unter der alten Dattelpalme saß. Ich konnte die Sommerstille spüren und den Duft des frisch gebackenen Fladenbrots riechen. Es war ein prächtiger Sommertag, ich saß auf dem Balkon und schaute meine kleine Palme an. Ich beugte mich zu ihr und sagte: «Diese Hitze liebst du, es ist fast wie im Irak. Genieß den Moment, aber sei geduldig, wenn sie morgen nicht mehr da ist.»

Usama Al Shahmani im Unionsverlag

In der Fremde sprechen die Bäume arabisch

Während Usama auf das Ergebnis seines Asylverfahrens wartet, erfährt er, dass sein Bruder in Bagdad spurlos verschwunden ist. Zähe Tage des Wartens nagen an ihm. Unerwartet findet er Trost in der Natur, streut seine Worte über Äste und Blätter und schafft es, sich selbst zuzuhören. Eine persönliche Geschichte von Heimat, Hoffnung und Sicherheit.

Im Fallen lernt die Feder fliegen

Aida spricht nicht gern über ihre irakische Herkunft. Sie beginnt niederzuschreiben, was sie nicht sagen kann, lässt ihre Gefühle in arabische Buchstaben und deutsche Worte fallen. Als ihr Vater beschließt, in den Irak zurückzukehren, müssen Aida und ihre große Schwester mit – und werden empfangen von einer Heimat, mit der sie nichts verbindet.

Der Vogel zweifelt nicht am Ort, zu dem er fliegt

Dafer Schiehan hat es geschafft: Trotz negativen Asylbescheids hat er Deutsch gelernt, eine Arbeit gefunden, eine Aufenthaltsbewilligung erhalten. Als sein Betrieb ihm jedoch Ferien verordnet, klopfen nicht nur die unliebsamen Erinnerungen an seine überstürzte Flucht vor Saddams Schergen an, sondern auch die Frage danach, wie es weitergehen soll.

»Usama Al Shahmani findet die Balance – er beschönigt nichts, sieht aber zugleich immer das Schöne.« *SRF*

Der letzte Granatapfel
Nach Jahrzehnhten der Gefangenschaft begibt sich Muzafari Subhdam auf die Suche nach seinem Sohn.

Die Stadt der weißen Musiker
Der große Roman einer Welt, in der der Tod allgegenwärtig ist und die Künste ungeahnte Rettung bringen.

Perwanas Abend
Für die jungen Frauen hat das Leben unüberwindbare Grenzen. Eine nach der anderen verschwindet aus der Stadt.

Mein Onkel, den der Wind mitnahm
Ein Windstoß erfasst Djamschid Khan und trägt ihn fort, fort von sich selbst.

Das Lächeln des Diktators
Bachtyar Ali als Essayist – Über die Wurzeln von Stillstand und immerwährendem Kriegszustand in der »orientalischen Welt«.

Die Herrin der Vögel
Sausan schickt ihre Verehrer aus: Acht Jahre lang sollen sie die Vielfalt der Welt ergründen.

»Bachtyar Ali ist ein Erzähler, der mit allen Wassern gewaschen ist: denen der Literatur und Literaturtheorie der Moderne, aber auch denen aus der ältesten, mythischen Quelle aller Literatur, dem Bedürfnis, Geschichten zu erzählen, um Geschichte zu erzählen, Sinn zu stiften.« *Deutschlandfunk Kultur*

Mehr über Autor und Werk auf *www.unionsverlag.com*

251001